JN029511

케이팝 시대를 항해하는 콘서트 연출기

K-POP時代を航海する
コンサート演出記

キム・サンウク 著
キム・ユンジュ イラスト
岡崎暢子 訳

小学館

アーティストの氏名表記は、原則として公式
活動名を優先した。ただし著者が意図した場合
は、本名や通称を表記し、適宜活動名を併記し
た。活動中に活動名を変更した場合でも、現在
の活動名のみを表記した。

曲名は♬、ツアー名は〈〉で示した。

本文中のコラムで解説をしている用語には
〰〰を付した。訳者・編集部により補足説明を
ほどこしたものには、＊を付し、欄外に説明を
記した。

本文中でのアルバム名、曲名などの表記は
「BIGHIT MUSIC」公式サイトを参照した。

케이팝 시대를 항해하는 콘서트 연출기
소극장에서 웸블리 스타디움까지, 케이팝 콘서트 연출 노트
A show director's logbook in K-pop wave: From clubs
to Wembley Stadium, directing notes on K-pop concert
Text © 2021 Kevin Kim
Illustrations © 2021 Kim Yun Ju
All rights reserved.
First published in Korea in 2021 by Dal Publishers.
Japanese translation rights arranged with Dal Publishers
through Shinwon Agency Co.
Japanese edition copyright © 2021 by Shogakukan Inc.

안녕하세요.
（アンニョン ハ セ ヨ）

この本の著者キム・サンウクです。

通称ナイスなアヒル、英語名はケビン。

コンサートの演出 P D（プロデューサー）をしています。

Let's go

contents

CHAPTER3
そして、ぼくらはスタジアムに立っていた

プロローグ

　それはぼくらが韓国を発ってから——正確には52日目となる日のことでした。

　長い出張の最終都市であり、コンサートの最終日でもあった2019年6月8日の午後2時すぎ、パリ、スタッド・ドゥ・フランス スタジアム。

　リハーサルに向けて控え室を出てゆっくりと歩き出したぼくは、FOH[*1]に出た瞬間、軽いめまいを感じました。

　そのめまいの原因が、会場に敷き詰められた純白の養生シートに照り返すギラギラした太陽のせいだったのか、長期出張による鉄分不足のせいだったのか……。

　いや、あるいは、「12時間後には、この長いプロジェクトのすべてが終わっている」という事実がもたらす刹那的な感情から来るものか、はたまた52日のツアーの間中、いや、それ以前の準備期間中から重ねてきた様々な感情のせいだったのか……。

*1　機材をオペレーションするブース。p.318参照。

例えば、達成感や名残惜しさ、ぎこちなさ、感謝、違和感、さみしさ、悔しさなど……こんなありとあらゆる感情が一度に噴き出したせいで、感情を処理する脳か心のどこか一部が、ホワイトアウトを引き起こしたせいだったのかもしれません。

　9年ぶりに、ぼくは新たな本の執筆に取りかかりました。
　前著『キムPDのショータイム[*2]』が、30代半ばの血気盛んなアヒルPDが、ほとばしる情熱を持て余した勢いで筆を走らせた本だったとすれば、本書『K-POP時代を航海するコンサート演出記』は、髪に白いものが混じり始めた40代半ばのアヒルPDが、それなりに積んできた経歴と豊富な経験、そして冷めたというより成熟した情熱と、9年の間に身につけた冷静さを盛り込んだ本にすべく、じっくりゆっくり書いていこうと考えています。

＊2　2012年刊行。（未邦訳）

CHAPTER 1は、ぼくがコンサートPDになるまでの道のりを綴（つづ）りたいと思います。

　前著の出版後、「キムPDは、どうやってコンサート演出家になったのですか？」という、学生読者から直接、またはメールを通して一番多くもらった質問の答えになるような章にしたいと考えています。

　CHAPTER 2は、ぼくと、ぼくが所属している会社PLAN Aが2013年から2018年春まで、BTSとともに行った公演について振り返りたいと思います。

　デビューショーケースをはじめとして、コンサート、ファンミーティング、イベントなど、彼らとともにした20を超えるプロジェクトの中でも、特に大きいプロジェクトの制作日誌からひもといていきます。

　コンサートや公演に興味のある皆さんに、楽しく、興味深く読んでもらえたらうれしいです。

　CHAPTER 3は、K-POPのみならず世界のコンサート史の一ページを飾ったといっても過言ではない、BTSの〈LOVE YOURSELF〉ツアーと〈SPEAK YOURSELF〉ツアーの制作記を綴りたいと思います。

　長期にわたって世界中を駆け巡った、この偉大なるコンサートの記憶を文章で残すことで、観客はもちろんスタッフなどツアーに参加したすべての人たちに、いつまでもその余韻を味わってもらえたらいいなと思っています。

この本の執筆に取りかかれたのも、ひとえに、前著『キムPDの ショータイム』を出版してからの9年間、良い方々に囲まれていた おかげです。

　その皆さんには、前もって深く感謝の意を表します。

　それから、本を出す息子を誇らしく思ってくださるぼくの母と、 長いツアーの間中、ワンオペ育児に耐え続けてくれた愛するぼく の妻、そして"愛"の定義を広げてくれたぼくの娘たち、ユンとヨ ンに、この本を捧げます。

CHAPTER1
ナイスなアヒルの成長記

人生は一日一日の積み重ね

　偉人の伝記には、必ずといっていいほどその人物の子ども時代のエピソードが登場する。

　ある子どもが生まれてどのように育ち、成長過程ではどんな困難にぶつかり、誰に出会って何に挑戦して失敗したのか、そして大事な瞬間にはどんな決断を下したのかといった話だ。

　そんな彼らの人生の節目節目を追うことが、結果的にはその人物がなぜ偉業を成し遂げたかの説明となる。

　これは映画でキャラクターを作り上げる時も同様だ。

　例えば、アイアンマンが空から飛んできて悪党どもを一網打尽にするシーンから始まったとしても、トニー・スタークがなぜスーツを作ることになったのか、トニーはもともとどんな人物だったのか、それが彼がアイアンマンになったこととどんな関係があるのかという説明は不可欠である。

　……と、まあ、わざわざ偉人やアイアンマンを引き合いに出すまでもなく、周囲を見渡してみると「蒔かぬ種は生えぬ」ということわざを体現する人が少なくない。

　特に「人とは一風変わった」仕事に就いている人の場合、彼らの歩んできた道のりを振り返ると、そのことわざがいかに言い得て妙であるかということを実感できる。

ぼくは断言するが、人の現在というのは、その人がコツコツと積み重ねてきた時間の結果である。

　その人が積み上げてきた人生の地層は、現在のその人を理解する根拠であり、その人の未来を予測することもできる、最も強力な手がかりでもある。

　と同時に、人生は選択の連続だ。

　イチゴ牛乳にするかチョコ牛乳にするかを自分で決められる年齢になったら、そこから先はもう、自分が何を勉強して、何に関心を持ち、どんな人を友人にして、どんな進路を選び、どんな人と付き合い、どんな恋愛をするのか、何事も自ら選択していかなければならない。

　大学に行きさえすれば、就職しさえすれば安泰だと思っていた人生は、実はその選択をした瞬間から次々に、さらに大きく重要な選択を迫り、その選択を遂行し、結果をただ受け止めることを強要してくる。

これはつまり、今日という日は昨日までの人生が積み重なった結果だということだ。

　今日は、今日一日をどう生きるかを選択せねばならず、また、今日選択する"場合の数"は、昨日まで自分がひとつひとつ積み重ねてきた人生の地層の結果である。

　例えば、昨日までリレーの練習をなまけていた生徒に、今日の大会でクラス代表として出場するかしないかを選ぶチャンスは与えられない。また一方で、昨日まで必死に就職活動を頑張ってきた人には、合格した会社の中から、どの会社を選ぶかというチャンスまでもが与えられる。

　明日、良い"場合の数"がいくつもある幸せな選択の岐路に立ちたいと思うなら、今日を懸命に生きるしかないのだ。

　……ということで、今のアヒルPDがやっている仕事を説明するために、まずはアヒルPDの過去を振り返ってみるのが手っ取り早いだろうと考えた。

　ぼく自身がどんな幼少期と学生時代を経たのか、そして本格的に今の仕事で一角の成果を上げるまで——その間に経験した様々な出来事、何よりもぼくがどんな種を蒔く選択をしたのかを振り返ってみたいと思う。当たり前だけど、絶対にアヒルPDのように生きなければアヒルPDのようになれないわけじゃない。（第一"〇〇さんみたいになりたい"ということが人生の目標である必要もない）

特に青少年の読者の皆さんに言っておきたいのだが、もし、韓国にコンサートの演出家が52人いるとしたら、これからぼくが述べるのは52通りの成長ストーリーのうちのたったひとつであるにすぎないということだ。（実際に、周りのPDを見ても、彼らの歩んできた道のりはまさに十人十色だ）

　ぼくの話を参考にすることはできるけれど、結局は"自分だけのオリジナルの成長記を書いていくことがすなわち人生である"ということを忘れないでいてほしい。

巨人に追いつけ、追い越せ

　ぼくより3つ年上の兄貴は、町の秀才として名を馳せていた。母だって、何の問題もなく育っている兄貴のことを厚く信頼していたから、兄貴のすることは何でも素晴らしいのだと思えたし、うらやましかった。ぼくは兄貴のすることを真似しながら、彼に追いつきたいと思っていた。

　それにしても、3つ上の兄と一緒に育つというのは、いわば1、2階級上の相手と絶えず肉体的、精神的なスパーリングをしているようなものだ。

　ぼくがようやく小学校に上がったと思うと、兄貴はすぐに高学年になったし、ぼくが高学年になったかと思うと、兄貴はすでに小学生なんか相手にしていられないといったふうの中学生になっていた。

　世間一般の弟・妹たちの子ども時代の最重要課題といえば、"兄や姉と肩を並べて親から認めてもらうこと"、これに尽きる。ぼくもまた、兄貴という3つ年上の巨人と肩を並べることに憧れていた。

兄貴が買ってきたラジコンカーや超合金ロボット、

　兄貴が読んでいた漢字だらけの『楚漢志』や『孫子の兵法』、

　兄貴が聞いていたマライア・キャリーのカセットテープ、

　兄貴がやっていたPC用の『三国志』ゲーム、

　兄貴がもらった新学期の教科書や問題集……。

　兄貴が吸収していたコンテンツを必死で追いかけながら、ぼく
は巨人の肩によじ登ろうと必死に頑張っていた。問題は、ぼくが
巨人の肩に上る速度と同じくらいに、巨人の肩が高く広くなって
いくことだった。

　兄貴が町の秀才として成長すると、母はぼくにも同じ道を歩ま
せようとした。

　1クラス60人だった時代に、さすがにクラスで1位は難しくとも、
それでもぼくは3～4位くらいを無難にキープしていた。だから
やっぱりぼくも、どこへ行っても落ちこぼれなどという声とは無
縁だった。

　その代わり、ぼくがいつも言われていたのはこんなことだ。

兄の通っていた中学校に入学

おはようございます、キム・サンウクです

ペコリ

おはよう

ほほう、君があのキム〇〇の弟か

兄の通っていた塾

新入りね、名前は?

キム〇〇の弟?君も勉強得意でしょ?

初めまして、キム・サンウクです

ペコリ

近所のおばさんたち

こんにちは。何号室の子?

609! お宅のお兄さん、成績優秀だそうねえ

こんにちは

609号室です

君も勉強できるの?

お兄さんほどじゃないでしょうけど…

　高校生になった兄貴は、さらに別世界の人間になっていた。

　律義にも１〜２カ月に一度の頻度で行われていた全国高校模擬試験。学生の成績が科目別に採点され、クラス順位から全国順位に至るまで赤裸々にはじき出されていたのだが、ここでも兄貴は勝者の側に君臨していたのだ。

いよいよ兄貴は中学生のぼくなんかと遊んでくれなくなった。彼が家にいる時間も短かったが、その短い時間でさえ、ほとんど自室にこもっていた。

　ぼくがずっと憧れていた兄貴は、そうやってぼくの許可も、何の予告もなく、突然その姿を隠したのだ。
　兄貴の肩が見えなくなって目標を見失ったぼくは、ただ途方に暮れるしかなかった。

　14年間続いてきた不利なスパーリングにも必死にしがみつき、これでもかというほどの敗北を何度味わい続けても、「いつかは必ず勝てる日が来る」と臥薪嘗胆（がしんしょうたん）してきたというのに。挑戦者のぼくは、突如姿をくらましたチャンピオンがいたはずの空席を、ただぼんやり見つめていた。

　それからだった。
　ぼくが巨人の肩へのこだわりを捨てて、自分が何をやりたいのかを探し始めたのは──。

巨人国旅行記

　思春期が訪れた。そしてぼくは、様々な "頼まれもしないこと" をやった。

　初恋の熱に浮かされもし、無謀にも小説を書くぞとペンを執り、ギターを弾いてみたくてギター教室に登録もした。一日も欠かさず日記をつけ、足がつりそうになるほど街中を徘徊した。

　通学路にある町のレコード店に通いつめ、レンタルビデオ店とレンタル漫画店の会員カードを作り、ひとりで地下鉄を乗り継いで鍾路にある大型書店にも行った。

　生まれて初めて自分のお金で読みたいエッセイ集と聞きたいテープを買い、今ならとても聞けたもんじゃない音質の小型カセットテーププレーヤーを持ち歩……いや、召し抱えて歩いた。

　午後5時の子ども向け番組よりも午後9時のニュースに面白さを感じるようになったし、"スポーツ" とついていない一般の新聞を毎日精読するようにもなり、時事週刊誌を定期購読してほしいと母にねだったりもした。

　以前みたいに、兄貴の興味のあることをせっせと詰め込むのではなく、ぼくが探し出したことを鑑賞し、吟味して評価もし、そして、駄文ながらも何かを書き綴ろうとした。

そうやって、自分で選んだものを余すことなく満喫した。些細
なことだったけど、充実した時間だった。

　そしてその年の夏の終わり頃、
　うそのように
　父が、
　突然、この世を去った。

　それ以降、
　ぼくの日記は長くなり、
　口数は減っていった。

　勉強も以前より熱心にやるようになった。
　良い成績を取って母を喜ばせたかったから。
　そしてぼくは、外国語高校に願書を出した。

＊１　外国語教育に特化した高校。（略称「外高」）特殊目的高校に区分され、ほかにも科学高校、芸術高校、体
　育高校などがある。

*2 暗にソウル大学校のことを指している。

特別な試験に合格してこそ通える高校に受かって、母にも目に見える成果を見せてあげたかったし、ぼくの勉強レベルが全国でどの程度なのか自ら試してみたくもあった。

　たとえ落ちてもそれらしい言い訳ができるように、外高の中でも一番の難関校を選択し、専攻は最もロマンチックなイメージがあったフランス語に決めた。

　晩秋、試験を受けたぼくは、幸いにも合格したのだ。

もはや近所のおばさんたちにも鼻高々

さて、無事に合格できたのは良かったが、困ったことがあった。

　情報量の不足だ。身近に外高の実情を知る知人もいなければ、中学の時に外高入試対策クラスに参加したこともない、何より衝動的に願書を出したぼくは、ほかの入学生たちがどんな子たちで、どんな準備をして外高に入ってくるのか、何のデータも持ち合わせていなかった。

　そこで「この程度やればほかの生徒に負けることはないだろう」と思われるレベルを自ら設定し、入学前に事前学習を始めた。塾から帰宅してギターを弾きながら歌っていると、まるでぼくのこれからの人生がバラ色に開けていくように感じられた。

　幸か不幸か、その得意な気持ちは長くは続かなかった。

＊1 「数学参考書のバイブル」と呼ばれる書籍。
＊2 韓国の高校生の英語参考書の定番。

　しばらくして行われた全国模擬試験の成績表を受け取った瞬間のことだ。ぼくは今でもあの瞬間が忘れられない。

　"確証バイアス"。

　自分に都合のいい情報だけを無意識的に集めて、好ましくない情報は無視したりゆがめて解釈する傾向のことを指す言葉だ。

不意に涙の海にのみ込まれた成績表配布の現場でぼくは、自分の名前が呼ばれると同時に、「成績表を受け取る高校生の、確証バイアスについての研究」の生きたモデルとなっていた。

　ぼくの目には、ただ、「全校」という文字と「46」という数字が目に飛び込んできただけで、ほかの情報は一切入ってこなかった。

＊1 「야자」(夜自)。夜間自律学習のことで、会話ではこう略されることが多い。韓国の高校で通常の授業の後に夜9〜10時頃まで残って行われる自主学習。強制ではないが、ほとんどの生徒が参加する。

29

それから数日間、複雑に記された全国模試の成績表を、ぼくは事あるごとに穴が開くほど見つめ返した。

　自分が"井の中の蛙"、それも"確証バイアスの罠に落ちて天狗になっていただけのカエルにすぎなかった"という事実を受け入れられるまでに、さらに数日を要した。

　そこはまた別の巨人たちの国だった。

　つまり、ぼくは試験を受けてまで巨人の国に進んで足を踏み入れた、小人だったのだ。

　ぼくがやってきた予習なんか鼻くそみたいなレベルだった。その巨人の国にいたのは、高校レベルの数学をすべて終えている子や、帰国子女で英語の授業が必要のない子、小さい頃からフランス語を勉強してきた子、中学時代にあらゆる試験やコンテストを総なめにしてきた子など、など、など……。

　高校に入学してからの3年間、ぼくはただ、ぼくの前後左右に座るたくさんの巨人たちがずんずん歩いていったその後を、取り残されて恥ずかしくない程度に、精いっぱいの早足で追いかけるしかなかった。

ペンが解放してくれた日常

　高校時代にぼくが力を入れたことのひとつに、「毎日文章を書くこと」があった。

　一日に最低30分以上は何かを書くことにしていたのだが、中でも日記は、中2の誕生日から浪人生だった年の誕生日までの丸5年間、一日も欠かすことなく書き続けた。

　始めた理由は単純だった。

　中2の時の国語の先生の「日記を書き続ければ国語力が伸びる」というアドバイスがきっかけだった。先生がさらっと言った、別に目新しくもなんともないこのアドバイスが、実に5年間もぼくに魔法をかけたのだった。

育ち盛りの青少年の余りある肉体的エネルギーを正しく手っ取り早く解消してくれるのがスポーツならば、"疾風怒濤"と形容される思春期の感情の起伏をいなしてくれたのが、ほかでもない日記だった。

ペンで書いた文字には書き手の感情がこもる。
ペンで書いて減るのはインクだけではなかった。
不思議なことに、胸の奥からあふれてやまない感情も同時に静められていった。

　この世のすべてが憎らしくてたまらない日は、その憎しみを日記の文字に込めて紙の上に吐き捨てた。

　まるで自分が世界の中心になったかのように気持ちがおごる時も、やはりそのおごりを文字に込めて紙の上に置き去った。

　紙に書くことで感情のたかぶりを抑えられ、心の平静を保つことができたのだ。

*1 オッパ。「오빠」。女性が、兄や自分より年上の親しい間柄の男性に対して使う呼称。また、好きな男性アイドルに対しても使われる。
*2 禅の教えで、十人十色という心。
*3 禅の教えで、人は手ぶらで生まれ手ぶらで死ぬ。欲張っても無意味、という心。

やがて、ぼくが文章を書くアイテムは日記帳から手紙に受け継がれた。

　日記が自分のために書くものだとすると、手紙は他人のために書くものと思われがちだ。しかし手紙は、実は自分のために書くものでもあると思う。

　ある人は「手紙の妙味は、手紙を出してから返事が来るまで待つ間のトキメキにある」と言った。ぼくに言わせたら、妙味はトキメキだけじゃない。
　自分の字体に似合うペンを選び、手紙の内容に合った便箋を選び、できるだけ修正液を使わないように（修正液を使うと汚く見えるのが嫌だったのだ）じっくりと文章を練り上げる。そして真心を込めて手紙をしたため、封筒のサイズに合わせて丁寧に折りたたむところまで……。この一連の切なる願いは、昨今のEメールではもたらされることのない、奥深い感情のレッスンだった。

　今日、ぼくがこうして文章を書いている原動力は、間違いなくこの10代半ばから20代前半にかけての数年間に培ってきた、書く訓練の賜物だ。
　ただ、当時のやわらかい感性だけは、今はもう取り戻せないことがさみしくもある。

初めてのミュージック・ビジネス

　高校のクラブ活動の中で、ぼくが心引かれたのが「バンチウム」という名の合唱団だ。希望者なら誰でも歓迎してくれるほかのクラブとは違い、入部するのに "オーディション形式" をとっているところが魅力的だった。何より、学校公認のクラブではないというところが、集会や結社の自由が認められない弾圧された秘密結社みたいでなんだかゾクゾクした。

　ヤジャが始まる前の夕方、隣の中学の砂ぼこりが舞うグラウンド——。教師たちの目の届かないそんな場所で、ぼくの人生初オーディションは開催された。

`オーディション`

※1 「사랑하기 때문에（サランハギテムネ）」。交通事故により夭折した伝説のシンガーソングライター、ユ・ジェハ（1962～1987）の名曲。

　晴れて入部できたぼくは、文化祭のプログラムのひとつだった
歌謡祭に出場すべく、仲間たちと空き教室に集まっては、同じ歌
を何度も何度も練習した。

　優等生が学習塾に通うようにカラオケ店に通いつめ、ソロで、
デュエットで、合唱でと、終わりなきぼくらの歌のリレーは、い
くらカラオケ店の社長さんが太っ腹で延長サービスをしてくれた
ところで、まったく時間が足りなかった。

　学校の裏山で、屋上で、空き教室で……。何より、ずっと開か
ずの間だったほこりの積もった音楽室に忍び込んで、ピアノを弾
きながら歌う時間は、巨人の国で埋もれていた "ぼく自身" に出会
える貴重な時間だった。

そんなある時、普段何気なく通り過ぎていた隣町の団地の商店街で、見慣れない看板を発見した。

〔一般人用CD録音スタジオ、あなたも歌手になれる！〕

　時は1990年代半ばだ。歌手でもない一般人が録音スタジオでレコーディングができるなんて、しかもそれをCDに焼いてくれたり、コピーしてくれたりなんていうことは想像もつかない時代だった。
　その看板は何カ月もの間、ぼくの目を引き付け、ぼくはぼくで、わざわざ商店街まで遠回りしては、スタジオがつぶれてはいないか、移転してはいないかと目を光らせた。

「あそこでレコーディングしてみようかな……」とぼんやり思い始めていたある日、ぼくは何かに取りつかれたように録音スタジオの電話番号を押していた。

部員10人で、ソロ曲10曲、デュエット曲3曲、合唱曲1曲を録音し、永久不滅の最新記録媒体であるCD10枚を手にするという、ぼくらの計画。最先端の技術を伴う仕事には多額の費用がつきものだ。録音スタジオのおじさんが若干の手心を加えてくれた最終見積りは、今の金額で言えば500万ウォンくらいの大金だった。

　何としても冬休みの間にレコーディングを終えたかったから、アルバイトするにも間に合わず、だからといって親に相談なんかしたら元も子もなくなる。

　そこで頭をひねって見つけ出した方法が「販売」だった。CD計画の何が問題かというと、先立つお金、つまり元手がなければ話にならないということだ。

　ぼくらは、実体のないアルバムのことを友人たちに必死で説明して回り、現金を先に受け取る手段を取った。それしかなかった。

　販売価格は当時の人気歌手のカセットテープの価格の80％程度に決めた。録音してでき上がったCDをそれぞれ1枚ずつ自宅に持ち帰り、カセットテープにダビングした。ジャケットとインデックスカードは自宅にあるモノクロドットプリンターで出力し、町内の文房具店で両面コピーして、手作業でひとつひとつ丁寧に折りたたんでケースにセットしていった。

　このインデックスカードには、歌詞はもちろん、みんなそれぞれの献辞「Thanks to…」まで盛り込んであった。

　こんな方法でぼくたち10人は、実に350本のアルバムを売りさばいた。1学年600人いたのだから学年の二人に一人は、ぼくらの歌が収録されたアルバムを持っていたことになる。

企画、交渉、練習、録音、制作、販売、精算まで、たっぷり２
カ月半も振り回された。

　だけど、
　誰かにやれと言われたわけでも当然なく、
　誰かにやってみればと勧められたわけでもなく、
　誰かにこんな方法があるよと聞いたわけでもなく、
　誰かにこうしなさいと教えられたわけでもなかった。

　ただ、やりたいことをやるのが、とにかく楽しかった。

一風変わったアルバイトの時間

　高校3年生になった。花が咲いたかと思えばすぐ梅雨が来て、かと思えばすぐに寒風が吹きすさび、気付けばぼくは「修能」の試験会場にいた。

　いつもなら一番自信がある1限目の外国語の試験を受けている間、あまりに緊張したぼくはひどい手汗をかき、答案用紙がしわしわになるほどだった。

「この大学、アヒル君なら間違いないよ！　先生を信じて願書を出しなさい！」
　そうやってぼくを鼓舞した担任の先生の豪快な後押しにもかかわらず、K大の社会学科は当時のK大の文系最高の競争率を記録し、ぼくは浪人生という名の奈落の底に突き落とされてしまった。

　取り立てて大きな挫折のない人生を生きてきたぼくにとって、仲間たちより1年遅れの人生を歩むということは耐え難いストレスだった。
　この先、一浪ですむのか、二浪になるのかもわからない恐怖心と、大学生活に溶け込んでいく同級生たちを見るたびに胸を締め付ける自責感は、この現実から目を背けさせるには十分だった。

＊1　スヌン。「今능」。大学修学能力試験の略称。4年生大学進学希望者が受けなければならない共通の試験。毎年11月に行われる。
＊2　高麗（コリョ）大学校を指している。

そんな時、大学路にあるライブカフェでアコースティックギター
の弾き語りのアルバイトをいきなり始めることになった。

　本当に、"いきなり"のことだった。振り返ってみれば、浪人生
がやってはいけないアルバイトだったと思うが……。

　ぼくの出番は毎晩7時から8時までで、その後はヒョン[3]たちによ
るプロ級の歌と演奏による華やかなステージが展開された。しか
も彼らは、気の利いたMCまでよどみなく披露した。

　社長さんがサービスで出してくれるビールをちびちびやりなが
ら彼らのステージに夢中になっていると時間はあっという間に過
ぎて、毎晩心臓が爆発しそうなほどの猛ダッシュで終電に飛び乗
ることになった。最寄り駅に着くと、酒臭さをごまかすために近
所のコンビニでチョコレートを買い、それをかじりながら帰宅し
た。

---

*3　ヒョン。「兄」。男性が、兄や自分より年上の親しい間柄の男性に対して使う呼称。
*4　韓国は数えで19歳（日本の年齢で18歳）から飲酒が可能なので、浪人生のぼくがビールを飲んでも問題
　　はない。

てんやわんやの冬が過ぎ、予備校が開講してもぼくはバイトを辞めなかった。

　週6で毎日1時間ずつのステージをひとりで滞りなく進めることは、年若い初心者のアルバイト歌手にとって、なかなか荷が重い仕事だった。

　何をしゃべったらいいのかわからず、ひたすら歌い続けても30分も持たない。のどがかれるほど歌い続けた日もあれば、聞いたことはあれど練習したことのないリクエスト曲にうかつにチャレンジし、顔から火が出るほど恥ずかしい思いをした日もあった。

　それでもフロアに半袖の客が増える頃には、1時間を上手に使えるようになり、時にはステージを楽しんでいる自分を発見することもあった。

　自信のある曲をオープニングとエンディングに配置し、月に1度くらいは新曲を研究してレパートリーに追加した。

　お客さんが一緒に歌えるような歌を選曲して、自分ののどを休ませるワザも身につけた。

　その日の天気に合わせたいくつかのMCと選曲リストをベースとして作っておき、後は日によって新聞で見かけた時事ネタを追加したりもした。

　それはぼくが初めて出演し、演出した、1時間枠の音楽公演だった。

そしてすぐにまた客の10人中9人が半袖を着る季節になった。そのうち、このままでは自分は二浪してしまうのではないかという不吉な予感がし始めた。

　アルバイトを辞めたいと告げると、社長さんやほかの歌手ヒョンたちは、「バッチリ合格してまた戻ってこいよ」と激励でぼくを送り出してくれた。
　一方、塾にも辞めたい旨を告げたのだが、塾の担任講師は「お前なんかこの塾にいたっけ？」といった表情で退校書類に印鑑を押してくれた。
　そしてぼくは修能に向けて、独学で勉強し始めた。

独学1日目

久しぶり。なあ…
"平方根の公式"って
何だったっけ？

アヒル、お前
大丈夫か…

ギターのコードなら
余裕なのに…

ひそひそ

マジで
心配だよ

オイオイ…

友達と
区立図書館で
勉強するアヒル

一緒に浪人中の
高校の友達

そしてまた冷たい風が吹きすさび、2度目の修能を受けた。

試験結果を記した成績表が出るまでの間、ぼくはまた歌手のバイトを再開した。

やがて成績表が出た。

母は内心、花形の科じゃなくともS大を志願してほしかったようだが、入試勉強への情熱を修能の終了ベルと同時にすべて失ってしまっていたぼくは、迷わずY大の経営学科に願書を出した。

遊ぶのに大忙しだった狂乱の冬が過ぎ去り、大学生活が始まった。そこはまた別の外国語高校、また別の巨人国だった。

興味のあった教養選択科目では好成績をたたき出しもしたが、専攻や教養必須科目は特に面白くもなく、学校生活自体にも楽しみを見いだせなかった。空き時間に学校の前にあったレンタル漫画店やDVDルームにぶらっと出掛けては、受験生時代に見逃してしまっていた映画を片っ端から見ることが学生街での唯一の楽しみだった。

何かが違っていた。ぼくは完全に空回りしていた。

クラスでもサークルでも根無し草のようで、自分がやりたいこともわからずさまよっていた。当然成績も振るわなければ、心から付き合いたいと思える友人もいない、そこにはぼくが心を引かれるようなものは何ひとつなかった。

＊1　延世（ヨンセ）大学校を指している。ソウル大学校に続く、トップレベルの超難関校。

偶然か、必然か

　高校生の頃、先に軍隊に行った兄貴のおかげで、在韓米軍で勤務する「カチューシャ」の存在を知った。

　部隊によっても、また時期によっても違いはあるが、週末の外泊が許可されているカチューシャの存在は衝撃的だった。ぼくはTOEICの点数が反映されるというカチューシャに選ばれたい一心で、浪人時代からTOEICを受験し始めた。

　大学入学が決まるとすぐにカチューシャを志願し、当時はまだ今ほど競争率が高くなかったこともあって、運よく合格することができた。
　以降、慶尚北道の倭館からソウルまで（KTX（韓国高速鉄道）もなかった時代だ）、毎週末の外泊を死守するために血のにじむような努力が始まった。

---

*１ カチューシャ。「카투사」。Korean Augmentation to The USAの略称。KATUSA。韓国駐屯の米軍に配属される韓国軍人を指す。TOEICの規定以上の点数などが条件となり、非常に狭き門。

金曜日の夕方、業務が終わるやいなや駅まで全力疾走した。午後9時、ソウルの龍山駅に電車が滑り込むと、わき目も振らず地下鉄に乗り換えて大学路のバイト先のバーまで行き、1時間歌ってからビールを浴びるほど飲み、終電で家に帰った。

　土曜日。起きて自宅の昼食をご馳走になり（母が不在の時も多かったので「失敬した」という表現もしっくりくる）、また大学路に向かった。

　午後3時か4時に開演する演劇をひとつ見る。それを見終わるとすかさず7時か8時から始まる別の公演のチケットを買い、それから街角で売っている一番安いベーシックなキンパプ1本を買って腹を満たす。2本の公演を見た後はバーへ行って1時間熱唱し、ビールをしこたまタダ飲みさせてもらって帰宅。

　日曜日。起きてまた自宅の昼食をご馳走になり、龍山駅から軍人ですし詰めの列車に乗って任務に復帰する。

　こんなことをたぶん70回ほど繰り返していたら、除隊の日が近づいてきた。

＊2　キンパプ。「김밥」。韓国ののり巻き。

平日は当然業務と訓練を忠実にこなすべく、米軍上司の英語を聞き取って応答するため全神経を集中させた。おまけに、強度の高い体力訓練を楽しんでいたら、この生涯でもう二度と得られないであろう特殊部隊さながらの体力と体形、そして特別休暇を手に入れた。

　そして週末になればソウルに戻り、演劇やミュージカル、映画を手当たり次第に観て、バーで歌ってストレスを解消した。

　この期間、何より英語が上達したし、公演を見る目も養えた。
　一分一秒もおろそかにできない超過密スケジュールだったけれど、一般的に「捨てた」と考えられている兵役の間、ぼくは成長していたのだ。

除隊して、初雪が降り、道端の水たまりが凍って、そして溶けた頃、ぼくは大学に復学した。

　誰しもが気を引き締めて学業に集中するはずの復学直後の学期だったにもかかわらず、大学はやはりつまらなくて、ぼくは、家と学校と大学路とアルバイト先（家庭教師）の町をぐるぐる往復するだけだった。

当時のぼくの最大の悩みは、「どうしたら楽しく、人とは違った生き方ができるのか」という、素朴だが決してたやすくないものだった。

　友人たちが就職したり司法試験や公認会計士試験、大学院進学の準備に勤（いそ）しむ中、ただひとり、ぼくだけはGPSのつながっていないボートに乗って機械的にオールを動かしているような気分だった。

　2002年、サッカーワールドカップ大会の熱狂にすべてがのみ込まれていた夏のことだった。サークルの先輩が、スポーツ新聞の切り抜きをぼくにくれた。ほんの5〜6行の短い記事だった。だが、灰色の紙に黒いインクで印刷されたその文字から、キラリと輝く何かが見えた。

サークルの夏季集会

＊1　ヌナ。「누나」。男性が、姉や自分より年上の親しい間柄の女性に対して使う呼称。

54

　2週間後、アカデミーの書類受付があり、無事通過した。そしてその2週間後に面接があり、合格の知らせがあった。

　学校には休学届を出した。

　皮肉なことに「学業を休む」と書類を出したにもかかわらず、アカデミーに入って別の種類の「学び」を始めることとなった。

　大学入学以来数年間、ずっとオフになったままだった人生のGPSが再びオンになり、目的地の定まったボートは、一層力強く水をかき分けて進む準備を始めていた。

公演業界での初めの一歩

　さて、いざ休学をすると決めたものの、これからは人とは違う自分だけの道を歩まなければならないことが急に怖くなった。その恐れを忘れるためには、そんなことを感じられないほどに忙しく過ごすほかなかった。

　当時の毎週のルーティンはこんな感じだ。
　週に3回はアカデミーでの授業、
　週に5回は「芸術の殿堂[*1]」でのアルバイト、
　週に8回は家庭教師のアルバイトがあった。
　わざとででも、過酷なスケジュールに自分を縛り付けてみたわけだ。

　アカデミーでは「ドリームファクトリー・スクール」の企画演出クラスに入ったのだが、2期生にはぼくを含めて10人の受講生がいた。

　ヒョンやヌナ、同い年はもちろん、ぼくより年下の人もいたし、会社の課長クラスから若手社員、大学の休学生などまで、さしたる共通点も見いだせない、まさにここじゃないと出会えないような属性の仲間たちが集まっていた。

＊1　ソウル江南（カンナム）エリアにある大型芸術複合施設。オペラハウス、美術館、コンサートホールなどがある。

ところで、小さい頃は同世代の友達と何の抵抗もなく親しくなれたし、子どもたち同士、ヒョン、ヌナ、オッパ、オンニと、親しい呼び方でお互いを呼び合った。

　だが大人になるにつれ、ぼくのことを「○○さん」と呼ぶ人に出会う回数が増えて、ぼくもまた誰かのことを「××さん」と呼ばなければならない瞬間がやってきた。

　本格的に仕事を始めてから出会った人たちとは、その人のことをヒョン、ヌナと呼んだり、その人のヒョン、オッパになることも難しくなる。

　だから振り返ってみれば、そんなふうに情の通った呼び方でお互いを気楽に呼び合えた最後の集団が、この同期の仲間たちだった。ぼく自身何のためらいもなく、彼らのことをヒョン、ヌナと呼んだし、喜んで年下の同期たちのヒョン、オッパになった。

　なぜなら、当時ぼくらは "同志" だったから。
　ぼくらは公演に対する同じ夢を抱いた仲間であったと同時に、不確かな未来への恐れを共有しているという点でも "同志" だったのだから。

＊2　オンニ。「언니」。女性が、姉や自分より年上の親しい間柄の女性に対して使う呼称。

公演で使った小道具をどっさり持ち込んでの打ち上げの席

*1 コンベ。「건배」。乾杯の意。

58

一緒に早朝から劇場のドアを開けて入り、
一緒に劇場で夜を明かし、
一緒に冷たい床に座って床よりもっと冷たい弁当を食べて、
一緒に全国津々浦々を飛び回り、
一緒に暑いところでも寒いところでも苦楽をともにした、
ドリームファクトリー・スクール企画演出専攻2期10人。

あれから20年ほどが過ぎた。厳しい明日の現実よりも不透明な来年の未来を恐れていたあの頃の20代の若者10人は、それぞれの人生をゆっくり築き上げてきた。

今でももう一度、彼らと一緒にあんなふうに時を過ごしたいかと問われれば、ぼくはもちろん喜んで「イエス」と答える。
その代わり——、1週間限定でね。

芸術の殿堂でのアルバイトではアカデミーでの授業と同じくらい、多くのことを教わった。

　それに、国内で最上級の芸術複合施設で働くということは、思っていた以上に大きな利点があった。

　ぼくが働いていた「サービスプラザ」とは、ひと言でいってホテルのフロントデスクとコンシェルジュが合わさったような部署で、ホールを訪れた観客が求めるありとあらゆることを処理するところだった。

　おかげでホール全体がどういう流れで進行していくのか、余すところなく見届けることができた。

　もちろん、アカデミーの授業スケジュール優先が大前提だから、芸術の殿堂ではパートタイマーとして働き、給料は大した金額にはならなかった。

　だがうれしいことに、当時ぼくが受け取っていた給料の何十倍はするような高額の各種オペラ、ミュージカルをはじめ、演劇、コンサート、舞踊、美術展などを空き時間に無料で観覧することができた。

それまでぼくが観てきた大学路の公演は、200席以下の小劇場で行われるストーリー中心の小公演だったのだが、芸術の殿堂では、150席の小さなリサイタルホールから2500席のオペラ劇場まで、様々なサイズの公演を鑑賞することができた。

　韓国最高レベルの公演や展示を、社員証を見せるだけでほぼ無制限に見ることができたのは実に大きな特典だったし、ぼくの貪欲な心をたっぷりと満たすことができたのだ。

62

1秒、1分、1時間、1日。

地球の自転がつくり出す、たぶん数千万年前から変わらない時間の単位は、それを生きる人間の置かれた立場によって違って感じられる。

1分を1秒のように生きる人、
1分を1分として生きる人、
1分を1時間のように生きる人。
当時のぼくは、3番目に近かった。

絶え間なく続くアカデミーの授業や実習、パートタイム勤務、そしてその合間に突っ込んだ家庭教師のアルバイトまで……。まともな休日などないタイムテーブルの中では、「恐れ」など感じる余裕すらなかった。

しかしそんなぼくに、また別の瞬間が忍び寄っていた。

＊1 主に学生などが興味のある職場で実際に職業体験をすること。韓国では3〜6カ月程度勤務し、仕事を習うためなので給料は出るが安い場合が多い。人気の職場の場合、インターンシップも狭き門となる。
＊2 チョウン。「좋은」。良いの意。

63

アヒル、三重生活に奔走する

　その当時の"チョウン・コンサート"という会社は、まだまだ脆弱だった韓国のコンサート市場に現れた麒麟児だった。

　社員の平均年齢が30歳にも満たない若手メインの会社で、かつ会社自体も若い会社でありながら、当代のそうそうたるアーティストたちと手を組んでは、次々と成果を挙げていた。

〈10月に雪が降る町〉〈イ・ムンセの独唱会〉〈PSYのオールナイトスタンド〉〈THEシン・スンフンSHOW〉など、単に"歌手誰々のコンサート"ではない"ブランド性"のある公演が1990年代の半ばくらいからちらほら出始めていたのだが、その中心を担っていたのが"チョウン・コンサート"というキラ星のような会社だった。(のちにこの会社はMnetのコンサート事業部、つまり現在のCJ ENMの公演事業部となり、相変わらず韓国コンサート界の第一線をけん引している)

　この"チョウン・コンサート"のインターン第一号が、ぼくだった。

面接の日、社長と理事は30分ほど遅れて現れたが、彼らがサンドイッチで慌ただしく腹を満たしながら働く姿のカッコいいことといったらなかった。

　30分待って3分で終わった初めての面接。こうしてこの会社とぼくとの縁がスタートしたのだ。

　20代半ばまでぼくのアイデンティティであった、学生でも家庭教師でも時間雇用のアルバイトでもなく、インターンとはいえ、業界をけん引する会社の第一線の先輩たちと働けるのだ。とにかくフルタイムの会社員として初めて働くことになった。
　初出勤の日、ぼくの胸はドキドキと高鳴った。

　お情け程度のインターンの給料をもらいながら、目まぐるしく週7日勤務で働いて半年ほどが過ぎた。
　釜山^{プサン}のコンサート会場ならどの辺りにうまい店があるとか、大邱^{テグ}のどのホテルがハズレだったとか、そんな地方各地の土地勘もつかんでいった。

そうこうするうち、楽しかった1年間の休学期間が終わった。

　久しぶりに大学に復学して変わったことがあったとすれば、隣の席に同期の代わりに後輩が座っていたことで、変わらなかったことがあったとすれば、「やっぱり学校はつまらない」ということだった。

　まったく興味の湧かない専攻授業や、時折、宝石のように輝く教養授業を聞き、家庭教師のアルバイトを再開し、先輩が運営する学習塾で講師も務めた。

　大学に通っては学生として授業を受け、学習塾に通っては先生として授業をするという二重生活を送っていた、そんなある日のことだった。

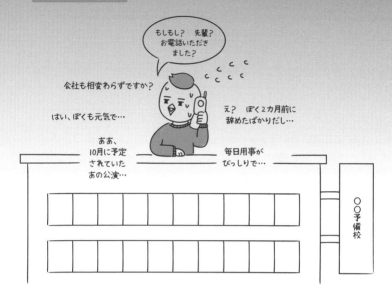

授業後、ビルの屋上で

もしもし？　先輩？
お電話いただき
ました？

会社も相変わらずですか？

はい、ぼくも元気で…

ああ、
10月に予定
されていた
あの公演…

え？　ぼく2カ月前に
辞めたばかりだし…

毎日用事が
びっしりで…

○○予備校

　インターンを終えてから2カ月あまり……。

　そんなぼくのもとに飛び込んできた会社の先輩からの "短期バイト" の提案に、ぼくは電話口では「迷っているふり」をしてみせたものの、何より自分自身を騙すことができなかった。

　先輩が提案してくれたその公演は、会社に通い始めた頃に何度か立ち会っていたものでもあり、規模や興行の面でも会社を代表する大規模公演だったこともあって、心引かれないはずがなかった。

短期バイトは1カ月半くらいで終わるが、そのためにはぼくが今抱えている多くの授業予定をカットしなければならない。ぼくは一度組んだスケジュールの一部を空けて、しばしの間、果敢な三重生活に取り組んでみることにした。

「"初めて"は誰しも難しいもの、2度目3度目は簡単だ」なんて言葉のとおり、それ以降も、学校を卒業するまでの間の数年間、ぼくは様々なプロジェクトの演出助手と舞台クルーの仕事を担当し、それと同時に大学生であり、塾講師でもあるという三重生活を続けた。

　大学は卒業証書のため、
　塾は大学の授業料のため、

　そして、

　仕事はぼく自身のために。

成功的な失敗

　コンサートのアルバイト、塾講師、そして大学生の三重生活を送っているうちに、放送局、中でも地上波3社のバラエティ番組のプロデューサーへの興味がむくむくと湧いてきた。

　当時の地上波3社といえば、大衆文化全般において現在とは比べ物にならないくらいに独占的な地位にあり、それだけに波及力の大きいコンテンツを作っていたからだ。

　そんな時代背景もあり、当時のコンサート界もあらゆる面で地上波3社と密接な関係にあった。

　今も大して変わらないが、テレビやラジオの放送作家たちが様々なツテからコンサート制作に携わることも多ければ、舞台、音響、照明などのプロダクションチームも、放送業界とコンサート業界の二刀流というところが少なくない。

　また、コンサートのタイトルや一部フォーマットに、該当するアーティストが出演するテレビ番組のものをそっくり導入することもあった。

　大学卒業を控えたぼくはマスコミ試験、いわゆる"言論考試"にチャレンジすることにした。

＊1　地上波放送のKBS、MBC、SBSの3社。
＊2　"マスコミに就職するための試験"のこと。難関の資格試験「考試」（主に公務員試験など）になぞらえた俗称。

*1 マスコミ就職希望者のための必須本。

大学卒業の３カ月前になって"言論考試"の準備に取りかかるなんて、周りと比べても遅いにもほどがあった。ぼくみたいな年のいった受験生は試験対策の勉強会にも交ぜてももらえず、最後の手段として自ら勉強会を立ち上げるしかなかった。

　それから３カ月後──、その年の８月、ぼくは母と連れ立って学帽とガウンを着て記念写真を撮った。晩夏にこじんまりと行ったセルフ卒業式[*2]は、ただ、暑すぎて死ぬかと思った。

　そしてそこからまた３カ月後──、まず最初に、地上波３社の一般採用試験が開催された。何のプレッシャーもなく半年間準備してきた気合だけ十分の受験生は、一次書類選考を難なく通過し、そしていよいよ"言論考試"、生まれて初めての「筆記試験」に臨んだ。

　そして……、落ちた。３社"全部"落ちた。
　こんなに立て続けに失敗するなんて、それこそ生まれて初めてのことだった。

　発表が３回。
　プライドもズタズタに引き裂かれた。それも３回も。

あり得ない…、
全部落ちるなんて…

*2　韓国の新年度は３月始まりで学校は２学期制。大学の卒業式は年度終わりの２月に加え、兵役などで休学する学生も多いことから学期終わりの８月にも行われる。

そうやって数カ月を過ごしている間にも、"フィリバスター"だの"沈黙の螺旋理論"だのといった、分厚い百科事典の中にあるような単語にも慣れてきて、テレビでやっている主な番組の出演者に関してもほぼ把握した。

　TOEICの点数は950点を超え、韓国語の間違いやすい綴りや用法もすべて頭にたたき込んだ。

　最新トレンドも片っ端から暗記したし、どんなテーマを投げられても1時間もあれば長い論文をスラスラ書けるようになった。それらしいオリジナルの企画案を考えられるようにもなった。

　そしてまた、冷たい風が吹きつけた。

　ぼくは万全の準備を整えて静かに試験会場に向かった。

ゲームの世界ならば、ファースト・ステージで低ランクのモンスターと対戦し、何度も敗北を味わって次のステージに進むことができる。そして途中のモンスターに幾度もやられながらも実力を蓄え、より大きなモンスターが待ち構える上級ステージへのロードを繰り返す。

　そうやって最終ステージに到達してラスボスと対峙し、何度も何度もゲームオーバーになってもそれでも挑戦し続けてこそ、ゲームをクリアすることができる……というのが一般的な過程だ。

　あの時のぼくは、夢を見ているようだった。まるで一生の運をすべてつぎ込んでいるような気分だった。

　試験を受けて面接官と話したり、合宿に参加して発表したり、昼夜を問わず面接を受けたりするたびに、全力を出し切り晴れやかな気分になった。

　そして一度も失敗することなく、超高速で最終ステージ目指して駆け上がったのだ。

　ざっと見積もっても1000倍ほどの難関をくぐり抜け、

　残るはラスボス、

　社長クラスの面接だけだった。

そして、わずか2分の1の競争率の最終面接で、ぼくは落ちた。

しかし悲しんでいる暇はなかった。

急きょ受けることにした別の会社の入社試験もあったからだ。そして、ミドルステージのモンスターやラスボスとの対峙を繰り返しては、何度も散っていった。

その年のすべての入社試験が失敗に終わったことが確定した日の夜——。

ぼくは強い酒を浴びるように飲み、数日後には有り金を全部つぎ込んで、中古だが真っ赤な国産スポーツカーを購入した。そうでもしないと自分を慰めることができなかった。

20代半ばの大切な1年が、何の実りもなく過ぎ去っていった。そして無情にもまた新たな年が訪れた。

ぼくは人生を博打にかけるような心情で、もう1年、同じ試験に挑戦することにした。

あの時は、自分の青春が流れ去っていくような感覚だった。何の実りもなくても。

と、同時にあの時は、ぼくの青春は止まったようでもあった。何の実りもないから。

スポーツ中継の解説者はその道のプロ中のプロだ。
　そんな彼らがよく使う表現に
「自分のプレーを行うべきです」
「自分の球を投げるべきです」
「自分のスイングをするべきです」
「焦りは禁物です」
「気持ちをコントロールするべきです」などが挙げられる。

　その年の秋、人生3度目の言論考試シーズンの到来に、ぼくは無性に焦っていて、自分の文章を書くこともできず、やたらと周りを意識した。
　まるで負けチームのプレースタイルのようだった。

　そして、それまでの2シーズンと同じように、いや、それ以上に耐え難いほどの敗北だけを味わった。

*1　医科専門大学院のこと。理工系などほかの専攻を履修したのち医師を目指す学生のために発足した専門大学院。

まさにそんな時だった、"チョウン・コンサート"からの正式入社の提案があったのは。

　ぼくはトレードで古巣のチームに帰る選手の心情で、ありがたくその提案をのんだ。

　それと同時に、修能以外で、人生で最も長い時間をかけて挑んだ一世一代の挑戦が結局は大失敗で終わったことと、もう二度と言論考試に挑むことはないだろうという現実も受け入れなければならなかった。

　人生のうち、キラキラした大事な時期をつぎ込んだ挑戦が結実しなかったことで、当時はあの数年間を単なる"失敗"だったと考えていた。

　しかし振り返ってみると、充実した修行の時だったように思う。おかげでその後あらゆる場面で生かせる多くの知識を蓄えることができたのだから。

　英語の点数、国語の表記法、一般常識などの表面的なこと以外にも、手当たり次第に観た様々な文化コンテンツへの理解力も生まれたし、考え方や文章の書き方もより深く知ることができた。

　こうしたことは入社後すぐに、演出の仕事を本格的に始めるにあたって様々な場面で本当に役に立った。

どんな失敗も結果だけ見れば失敗に違いない。だからといって、すべての失敗が単なる失敗だけではないのだ。失敗にもレベルがある。

　情熱と誠意を注いだ挑戦は、結果的に失敗だったとしても、挑戦者の頭と心には確かな何かが残るものだ。
　ぼくのケースでいえば、多岐にわたる知識や作文能力といった、コンサート演出の仕事をする上で必要となる知識と教養の基礎体力に加えて、生きていく上で失敗を受け止めることができる忍耐強さまでもが自分の実となった。

　たとえ失敗に終わった挑戦だったとしても、その過程で挑戦者がしっかり成長できたのなら、それは単なる "失敗" ではなく "成功的な失敗" と呼ぶのが妥当だと思う。

回り回って、結局入社

公演の基礎体力増進期間

　その頃の"チョウン・コンサート"は、ちょうど本格的に海外公演事業に乗り出そうとしていたところだった。

　ぼくはまるでコンサート工場の生産ラインに並んだ一台の機械みたいに、自分に課された年間平均40本近いスケジュールを次々にこなしていった。

　正統派バラードからダンスまでの各種公演、小ホールから大型野外会場、コンサートにファンミーティング、新車の発表会からパーティまで、遠征先も釜山、光州(クァンジュ)といった国内の各都市から東京、ニューヨークまでと、実に様々な公演コンテンツを手掛けた。

　年間40本を抱えるPDとして働くことは、ひと言でいうなら「ワワベル」(work and work balance)をうまくやらなければならない[*1]ということだ。

　今週開催される直近のプロジェクトのみならず、来週、来月、さらに数カ月先の公演まで同時に進めようとなると、1日24時間をそれぞれにうまく振り分けなければならない。

[*1] 本来は仕事と私生活のバランスを上手に取ろうという主旨のwork life balanceを略して韓国で「ワラベル」と呼ぶのを、忙しすぎることを表わすためにアレンジした言葉。

ワラベルの「ラ（life）」の代わりに「ワ（work）」が入った生活を送るわけだから、プライベートの時間なんてほぼあきらめるほかなかった。

　週末に公演会場で勤務しているのだから、その代休があるはずだったが、“月火水木金金金”が何度も繰り返されたのちにようやく休日がもらえるありさまで、消化できない休日がいつでも30日以上残ったままだった。いや、正確には、入社後しばらく経った頃にはすでに代休をカウントすることすらあきらめていた。

　だから正月や秋夕、家族や親戚の集まる行事も、海外公演に出ていて不在だったり、または疲れて家でしかばねのように寝ているかのどちらかだった。

　家族も友人も、これ以上ぼくに対して、あらゆる集まりごとに参加することを強要しなくなっていた。

＊2　チュソク。「추석」。旧暦の8月15日で先祖墓参などを行う伝統行事。

85

サッカー、バスケットボール、バドミントン、卓球、重量挙げ、レスリング、射撃……。種目は違っても、スポーツ選手は、筋力、持久力、柔軟性などを向上させる"基礎体力訓練"を行う。

歩兵、砲兵、通信兵、炊事兵、医務兵……。特技は違っても、軍人はまず、制式、射撃、境界、各個戦闘のような"基礎軍事訓練"を行う。

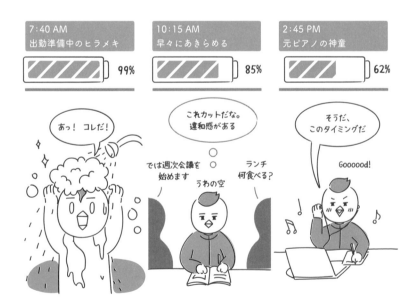

それと同じように、会社での時間は"公演の基礎体力"を身につける時間だった。

　入社する前までに経験したあらゆること、例えば学校での勉強、演奏、歌、作文、企画、英語、旅行、就活用の勉強、友人、恋愛経験、映画、公演……。
　ぼくが知り得るあらゆることを総動員させた時間だった。

5%

　入社前までの人生が、何かを学んだり経験しながらひとつひとつ積み重ねていくインプットの時間だったとすれば、会社員時代は、それまでにインプットしたものをぎゅうぎゅう絞り出して何かを生み出すアウトプットの時間だった。

　公演コンセプト、タイトル、セットリスト、演出の方向性、VCRのシノプシス、台本、舞台デザイン、演出アイテムのようなものをひたすら作り出し、採用になったりボツになったりしてはまた作り出し……という作業を繰り返した。

1%

　参加した断食道場のプログラムがまるで過酷な砂漠マラソンだったかのごとく、出口の見えない地獄をひた走っているような時間だった。

　ぼくの心を満たしてくれる公演を観に行く時間もなければ、ぼくの心を癒やしてくれる誰かに会う時間もなかった。

　ただゴマ油を搾り出すみたいに、アイディアを必死に絞り出していただけのあの頃、気持ちが貧しくなり折れてしまいそうなぼくをそれでも奮い立たせてくれたのは、ほかでもない"チャンス"という魔性の言葉だった。

"チャンス"とは、何の経験も実績もない人間にとってとても甘美で、あまりにも魅惑的だ。

　「自分が作ったものを誰かに見てもらいたい」という欲望の数々を、選んで、整えて、切り取って、ラッピングして披露できる"チャンス"。
　好きな音楽を飽きるほどに聞き込んでは、自分が作ったステージの上で響かせることができる"チャンス"。
　有名なアーティストとひざを付き合わせてあれこれ打ち合わせをし、業界の有能な人たちと仕事をともにする"チャンス"。

　チャンスという言葉は、「成功（成功する公演）」という名の蜃気楼（しんきろう）が、まるで自分の目の前にあるかのように思わせてくれる望遠鏡だった。だが、細胞の隅々まで浸透したチャンスという言葉は、「一生懸命」「うまく」「カッコよく」「面白く」のような単語が必要になるたびに、ぼくを徹底的に追い込んだ。

　次々と運よく舞い込んでくるチャンスを逃すものかと、ぼくは、焼けつく砂漠の長い長い道のりを何年も歩き、走り続けた。
　蜃気楼を追いかけて全国を、地球を、駆け回った。
　おかげで公演を作る基礎体力はぐんぐんと高まっていった。

　数週間を多少（実際はかなり）寝不足で過ごしても傷つく言葉のやりとり（ほぼ言われる側）があっても、冷たくなった弁当を（それよりもっと冷たいコンクリートの上に座って）食べても、全然平気だった。

そんなある年の晩秋──、会社にとっては小さいが、ぼくにとっては大きな出来事があった。

　上層部から「もっといいチャンスをつかめる部署（グループ内の他部門）に来年から異動するように」と通達されたのだが、ぼくの考えは違っていた。
「ぼくがつかみたいチャンスは、公演の現場にしかありません！」
　青二才が思いの丈を綴った上層部宛のメールは、テトリスのように次々に降ってくる新着メッセージの中で瞬く間に埋もれてしまった。

　社会人としても会社員としても青く、そのくせ情熱だけは人一倍あった青二才は、不幸にも自分の意志を最後まで曲げることはなかった。

　そしてその冬に執り行われたぼくの退社手続きは、
　入社手続きの7倍はスピーディーに終わった。

戦場でも恋は成就した！

　会社を辞めてからの話をする前に、その数カ月前から始まった恋の話をしないわけにはいかない。

　自己都合なのか会社都合なのかもあいまいなまま、会社という檻^{おり}から慌ただしく飛び出したぼくは、まるで急に野生に放り出された動物園のトラみたいにパニック状態にあった。

　そんなぼくにとって、彼女という存在がなかったら、きっと野生に適応するのにもっと長い時間を要したか、または野生に適応すらできずにどこかの動物園に自ら戻ろうとするひ弱で無能なトラとして生きていたかもしれない。

　彼女はワワベルという砂漠マラソンで出会った唯一のオアシスだった。そしてどこかで聞いた言葉のとおり、戦場でも恋は成就したのだ！

彼女は隣のチームのインターン社員として入社したが、インターンには会社の各部署をくまなく経験させるという原則があったこともあり、ちょうど演出助手が必要だったプロジェクトを抱えていたぼくとも1カ月間をともにした。

　2AMのファースト・ファンミーティングの演出家と演出助手として公演を準備している間、ほとんどが厳しい業務の連続だったが、それでもその1カ月の間をずっとそばにいられて幸せだった。

　会社で行えばすむような二人だけの演出打ち合わせも、「広々とした空間のほうがもっと豊富なアイディアが出るから」という理由をつけて、会社の近くのカフェに出掛けた。
　聖水大橋南端の屋上テラスがある"コーヒービーン"や、狎鴎亭のロデオ通り北側にあった"セマウル食堂"、島山公園の交差点のところの"清潭純豆腐"、教保タワー裏手の小学校の運動場など、いろんなところで一緒に食事をしては、お茶を飲み、酒を酌み交わし、散歩をした。

　清潭交差点からカロスキルまで、カロスキルから江南駅まで、ぼくらは歩いて、また歩いた。
　お互いについて質問したり、答えたりしながら、お互いの心を確かめ合った時間だった。

何かの仕事をしながら、それが永遠に終わらなければいいのにと願ったことはその時が最初で最後だった。

　彼女に出会った年の冬、ぼくは退社した。
　会社でいつでも会えるという社内恋愛のメリットは失ったが、会社を辞めて特に良かったことのひとつが、会社の予定に気兼ねすることなく思いっきり彼女と遊べるということだった。

単純に考える人

2010年3月1日——。

　バンに乗って、二人でアジアの国境をまたぐという、9泊10日のハードな初海外旅行の途中で、ぼくは無謀にも彼女に結婚の話を持ちかけた。

　その日、夕食ぐらいは（ちょっぴり）高級な料理を食べようと連れて行ったタイのパタヤビーチにあるレストラン（というにはやや見劣りする）のテラス席。彼女の好物だというカキ料理が出てくるのを待つ間、ぼくは緊張のあまり、冷えたビールグラスについた水滴と同じくらい大量の汗をかいた。

　そしてついに生まれて初めての、かつ最後のプロポーズをした。

　その場では妙な空気になったものの、ぼくらは演出チームの同僚らしく、すぐさま雰囲気を切り替えると、その後も甘くラブラブな関係を続けた。

　退社直後の"ほぼプータロー"から"ちょっとプータロー"へ、そして"ちょっとプータロー"から"微妙なプータロー"へ、さらに"微妙なプータロー"からもようやく抜け出すまでの長い間、彼女はずっとぼくのそばにいてくれた。

　プロポーズの予約(？)をしてから
　2年2カ月と3日が過ぎた日、
　ぼくらは結婚した。

PLAN A、最高を作ります

　2010年2月1日、月曜日——。何の因果か、社長になっていた。
社長でありながら社員でもあり、
雇い主でありながら雇われ人でもあり、
代表でありながら、経理や運転まですべての業務を請け負う、
ひとり企業の社長だった。

　オフィスはぼくが寝起きしている部屋であり、事業者登録が何
なのかもわからなかった。
　ただ、「コンサート演出をしたい人が1名」のみ在籍していた。

　どうにも漠然としていたが、幸いなことに世間知らずだったお
かげで(？)、何も怖くなかった。

　そんな中にもぽつんぽつんと仕事が入ってきたので、新たに出
会う人とやりとりするための名刺が必要になった。となると、名
刺を作るために会社の名前が必要になり、会社の名前を決めるた
めに会社の哲学が必要になった。

　今となっては思い出せもしないたくさんの候補の中から、満場
一致で(有権者はぼくひとりだ)選び出された社名こそが、"PLAN A"
だった。

よく使われる言葉に"プランB"というのがある。計画どおりに
コトが進まなかった場合に、代替案となる次善策のことだ。

　プランBが必要になる状況というのは、そのほとんどがプランA
を現場で実行するための準備が整えられなかった場合である。
　熟考の末に素晴らしい演出プランを考えたにもかかわらず、マ
ンパワーや機材、制作スケジュールなどが思いどおりにそろわな
かったことで現場で問題が発生することがある。
　そんな時、数時間後にリハーサルや公演を行わなければならな
い立場にいれば、不本意ながらも無難に実行できそうなプランBの
誘惑にかられそうになるものだ。

"プランB"に舵を切った公演を終わらせて、「それでも公演を終えることができたじゃないか」と自分を慰めることは、遠くの町にあるチャンポンの名店を目指して旅立ったにもかかわらず、何らかの事情で目的をあきらめることになり、代わりに帰り道のサービスエリアでチャンポンを食べて、「それでもチャンポンは食べたじゃないか」と気持ちをおさめることと何ら変わりない。

名店のチャンポンを食べることがその旅の目的だったのなら、その目的を必ず達成させるために、必要となる諸般の事項を綿密に下調べし、予想されるトラブルを排除した上、それでも万が一の場合に備えて時間と予算にも余裕を持たせておくべきだろう。

公演ならば、製作所に演出の意図が正確に伝わっていなかったなどのほかに、図面の粗さ、現場のスケジュールの遅れ、リハーサル時間の不足によるスタッフ間の足並みの乱れ、出演者が意図をしっかり把握しないまま本番に入ったからといった理由が想定される。

駆け出しPDだった頃、ぼくもまたこのような理由でプランBの誘惑にかられる瞬間に何度ものみ込まれてきたし、より良い演出案だったプランAがやり遂げられなかった事実から目をそらそうと、「無事に終わった」「よくやった」と口では言いつつも、打ち上げの席でアルコールの慰めに頼ることが多々あった。

「プランBでもどうにか無事に終えられるだろう」と無難に逃げたりせずに、背水の陣を敷く気持ちで「最善策であるプランAを考え抜いて、それを現場でも必ず実現できるようにしよう」という意味を込めてPLAN Aと名付けたのだ。

PLAN Aでの仕事も日に日に増えていった。

少しずつ大きな公演を担当させてもらえるようになり、海外ツアーの仕事も絶えずあった。どうやら本格的に仲間を募集するタイミングのようだった。

ぼくひとりから始まったPLAN Aは、これまでの11年間で、量的にも質的にもまばゆい成長を遂げるとともに、キラキラ輝く後輩たちを得ることができた。

いや。キラキラした後輩を得ることができたおかげで、まばゆい成長を遂げることができたと言うほうが正しい。

そしてどういうわけかぼくは、後輩"たち"を擁する社長になっていたのだった。

おお、社長〜

まばゆい成長〜
やったぁ

そろそろ私たちの
出番かしら?

私たちの話の
分量も考えて
書いてくださいよ

社長って呼ぶな、
鳥肌立つから

君たちの出番はまだ先だよ

もう少し待っててね

あっちで仕事してて

君たち忙しくないの?

キラキラしてた新人の頃の
君たちが懐かしいよ

経費は大事に使ってくれよ

CHAPTER 2

PLAN A × BTS、

長い旅の記録

人が生きていく上で、誰と出会うかというのは、その人の人生の方向と速度を決定する非常に重要な因子のひとつだ。

　本人の意思にかかわらず、母親の胎内で生を受けた瞬間に出会う両親、コンピュータによる無作為抽選で出会った教師やクラスメート、同じ町内に住んでいるというだけで公園で出会った友達、願書を出しまくった末に入社した会社で出会った同期、友達の友達の友達のそのまた友達に紹介された恋人、いくつかの出会いと別れを繰り返して結婚を決めた配偶者、そして、性別さえわからない時間を過ごして出会った我が子まで……。

　こうした "出会い" の理由は、"完璧な偶然" とか "完璧な必然" というよりも、"偶然のようでありながら、実は目指す方向性が同じだった" とか、"必然のようでありながら、実は何らかの偶然があった" のように、偶然と必然の中間ぐらいである場合がほとんどだ。

　そして、こうした "出会い" から始まる関係の中で、人々は人生の目的を求め、目標を見つけ、自分だけの成長記録を綴っていくことになる。

2AMのコンサートを手掛けたことをきっかけに、彼らのマネージメント会社であるBig Hit Entertainmentに出会った。以降、2AMと数年間、仕事をともにするうち、事務所が輩出する新人アイドルグループ "BTS" のデビューショーケースを担当することになり、初めてBTSに出会った。

　その出会いがどれほど偶然で、どれほど必然だったのかは知る由もないが、その縁は彼らのファースト・コンサートへ、そして2回目のファンミーティングへ、そしてまた別のコンサートやファンミーティング、さらに各種行事やイベントへとつながっていった。

　BTSが成長街道をひた走っているその間、PLAN AとPLAN Aのスタッフたちも、同じように速い速度で会社と個人の成長記録を綴ってき……いや、綴らなければならなかった。

　このCHAPTER2では、BTSの公演を作りながらPLAN Aが少しずつ積み重ねてきた時間を振り返るとともに、PLAN Aが綴ってきた成長記録を紹介しよう。

＊1　2021年3月にHYBEと社名変更。

Debut Showcase: 20130612

　　BTSのデビュー**ショーケース**が行われる1年前、2012年の春から夏に差しかかる頃だった。

　　マネージメント会社（所属事務所）が主催するプライベート・イベントで、（当時は誰も"BTS"なんて呼んでいなかった）「防弾少年団<ruby>防弾少年団<rt>バンタンソニョンダン</rt></ruby>」に会った。

　　メンバー構成もまだ固まっていない時期だったが、グループ名（！）と、数人のメンバーが印象に残った。

舞台・ステージ
関連の業界用語を
紹介しよう！

ナイスなアヒルの公演用語辞典

ショーケース

新人のデビューやアーティストの新譜発表などの周知と披露のため、マスコミを集めて催されるPRイベント。新曲をはじめとする数曲のライブ、フォトセッション、質疑応答などで構成される小一時間程度のミニ・ライブ形式を取ることが多い。最近では、昼はマスコミ向け、夜はファンクラブを招待した簡単なファンミーティング形式で、一般に向けて生配信も兼ねて行われることもある。

それから1年が過ぎた2013年6月、完全体となった防弾少年団のデビューショーケースが、狎鴎亭の清潭洞にある一指アートホールで開催された。

一指アートホールのような250席規模の小ホールの場合、二十数曲を歌う正規のコンサートでも、リハーサルには長くて4時間程度を見ておくのが一般的だ。

監督、うちの新人の
デビュー舞台、
くれぐれもよろしく
お願いしますね！

はい、入念に
準備します

重要な
ショーケースなんです

マネージメント会社の理事

おお…ついに
バンタンがデビューか…

しかも、今回のショーケースで彼らが披露したのは3曲だ。（他にトークと短いソロパフォーマンスはあったものの）防弾少年団は、この3曲のために前日7時間、当日2時間ものリハーサルを行ったのだ。

おかげで彼らのデビュー曲「No More Dream」♬と、収録曲だった「We are bulletproof PT. 2」♬、「좋아요」♬を20回以上は聞いた。

この業界に入って、これまでに様々なグループの"ファースト"を手掛けてきた。

　ファースト・デビューショーケースをともにしたグループもあれば、ファースト・コンサート、ファースト・ファンミーティングをともにしたグループもあった。

　そうして何かしらの"ファースト"をともにしたグループには、特別な愛着が湧いた。

　彼ら（ほとんどが二十歳前後の若者たち）が初めて経験することが、彼らがこの世界に踏み出す際の大きなエネルギーになるに違いないという思いもあって、より一生懸命、より綿密に作ってあげたいとこちらも力が入った。

　だからこそ彼らのことも、彼らとともに作り上げた"ファースト"のことも忘れられなくなる。愛着が湧くのは当然のことだろう。

2013年6月12日──。

サイドを短く刈り上げたヘアスタイルに白いふちのサングラス
をかけ、初の公式ステージにもかかわらず堂々としゃべってい
たナムジュン（RM）、
栗色の髪に黒いレザージャケットを羽織り、鹿みたいに輝く瞳
が美しい顔立ちをいっそう引き立てていたソクジン（JIN）、
太いゴールドのネックレスをぶら下げて、（初夏にもかかわらず）
黒いビーニーをかぶり、反抗心が見え隠れする彼独特のまなざ
しをかろうじて隠していたユンギ（SUGA）、
ひとりだけ黒いマスクをして、小ホールのステージを所狭しと
力強く踊っていたホソク（J-HOPE）、
ベビーフェイスからは想像もつかない上腕二頭筋があらわにな
る衣装を着て、初舞台でも見事に割れた腹筋（！）を見せるパ
フォーマンスを披露したジミン（JIMIN）、
思慮深さをうかがわせる瞳をしていたテヒョン（V）、
センターに座って、まだ少年の面影が残る顔に満面の笑みを浮
かべていた15歳のジョングク（JUNG KOOK）。

彼らと踏み出した“ファースト”の瞬間が、
夢の舞台に向かって最初の足跡を残したあの瞬間が、
今でもありありと思い出される。

2013年夏のデビューショーケースでBTSと縁を結んだものの、翌14年初春の「상남자（Boy In Luv）」♪ショーケースと、ファースト・ファンミーティング〈1st MUSTER〉は他社の手に移り、彼らとはそれきりかのように思えたが、BTSのファースト・コンサートのオファーという形で、再び縁がつながった。

2014年10月、ついにBTS初の正式コンサートである〈BTS 2014 LIVE TRILOGY EPISODEⅡ: THE RED BULLET〉が、ソウル広 壮洞AXホール（現・YES 24ライブホール）にて幕を開けた。

PLAN Aの最大の持ち味は、息の合った仲間たちが自由にアイディアを出し合うところにある。お互いのアイディアの長所をふくらませたり、短所を補ったりしながら、もし、話を進めていく過程で行き詰まったりすれば、必ず誰かが新しい方向性を提示した。

　ガーリックトーストとホットドッグにかぶりつきながら、24時間営業（だった）ダルコムコーヒー論峴店での"アイディア出し千本ノック"は、連日繰り広げられた。

来週には企画案と演出案を提出するんだよ？
となると、今日こそは絶対に方向性を定めて、
明日からはディテールに取りかからないとまずいぞ

まだ気に入らない

いまいち刺さらない

アイディアを
たくさん出したのは
認める

2週間でたぶん
この店のメニュー
全部食べつくしたわ

アイディアを
打ち込みすぎて
う、腕が…

負傷者名簿に
入れてください

魂まで全部出し切って
これ以上は…

三部作（サムブジャッ）はどうかな！

ぼくって天才かも☆

ヘウレーカ！

三父子（サムブジャ）？
父性愛の話
ですか？

PD、少し前に娘さんが
生まれたからかな

三部作のコンサートって…
やったこと
あったっけ？

三「部作」
じゃない？

PDさんこの前、機内で
『アイアンマン3』を
ご覧になってたからな…

* 1 韓国語の三部作「삼부작（サムブジャッ）」と三父子「삼부자（サムブジャ）」を聞き間違えている。三父子は、
韓国語で"父親と二人の息子"を指す言葉。

以前、『スターウォーズ』シリーズの制作記を読んだ。

　『スターウォーズ』は、オリジナル三部作の『エピソード4』(1977年)、『エピソード5／帝国の逆襲』(80年)、『エピソード6／ジェダイの帰還』(83年)を公開した後、16年後にプリクエル三部作の『エピソード1／ファントム・メナス』(99年)、『エピソード2／クローンの攻撃』(2002年)、『エピソード3／シスの復讐』(05年)が公開された。

　それからさらに10年の時を経て、シークエル三部作の『エピソード7／フォースの覚醒』(15年)、『エピソード8／最後のジェダイ』(17年)、『エピソード9／スカイウォーカーの夜明け』(19年)が順に公開され、実に42年もの間、シリーズをつむいできた。

　ひとつひとつのエピソードの完成度の高さはもちろん、三部作内でのつながりから各シリーズ同士のつながりまでが有機的に作り込まれており、「一生かけて見るシリーズ」として有名だ。

　エピソードが公開された順序もまた、時代時代の制作環境(予算、興行事情、CG技術の発達など)を綿密に反映させた結果であり、息の長いコンテンツを作ろうとするクリエイターたちにとって、まさにお手本のような事例として挙げられる。

当時の一般的な公演の場合は、こうした長期を見据えた事例は
まれで、特にコンサートはほかの公演ジャンルに比べてストーリー
性を持たせるのは難しいという特性もあり、これといった前例も
見当たらなかった。

　だから例えばK-POP公演の場合なら、タイトルに通し番号を
振ったり、公演のタイトル自体をブランド化して何年もそのタイ
トルを冠した公演を行うことはあっても、シリーズ同士に有機的
なつながりを持たせたものはなかった。

　コンサートの設計士である演出家は、そのプランで2時間（まれ
に3時間）を超える公演の間ずっと、観客とアーティストを引っ張っ
ていかなければならない。

　つまり、アーティストの本質を基盤にして太い筋の通った物語
を練り、その物語にさらなる説得力を持たせるため、バラエティ
に富んだ舞台セットを設置し、その上でアーティストや音楽を輝
かせる絵を描かなければならない。
　高いチケット代（特に10代のファンにとっては）を払い、多くの
時間（遠方から追っかけてくるファンはもっと）を費やして公演を
見る観客たちに向けて、できるだけたくさんの思い出が残る公演
を作りたいのだ。

　そんなこともあってぼくらは、前例もなければ、この先にもな
いであろう、史上初の三部作コンサートをマネージメント会社に
提案することにした。

方向性が決まると、ざっくりとした青写真はあっという間に描き上がった。三部作の上演順序は、ファンたちの好奇心を刺激すべく（スター・ウォーズにならって）EP. 2、EP. 1、EP. 3の順とし、EP. 1のオープニングからEP. 3のエンディングまで大まかなあらすじを組み立てた。そしてEP. 2のディテール構成に取りかかった。

　EP. 2となる〈THE RED BULLET〉の構成は、当時、学校三部作アルバム[*1]で活動していた防弾少年団のアルバムとMVの内容をふくらませて作った。

　冒頭のオープニングVCR[*2]にはEP. 1のあらすじを要約した字幕を出し、（まだ存在していない）EP. 1のラストシーンが授業開始前の教室であることを知らせる。
　続いて、怖い学年主任の教師の声が鳴り響く。教師は厳しい口調でメンバーの名を呼んで出欠を取った後、生徒たち（観客）に向かって、会場での注意点（撮影禁止、スタンディングエリアでの安全遵守など）を説明する。

　その後のストーリーはこういったものだ。
　"退屈な数学の時間、授業に集中していない防弾少年団のメンバーたち。これに腹を立てた学年主任の厳格な数学教師が、SUGAに向かって「大学に行きたいなら真面目にやれ」と声を荒らげる。これに反発した防弾少年団は教室から出ていってしまう。廊下で赤い銃弾（RED BULLET）を発見した彼らが教室に戻ると、教室ではストレスに堪えかねたほかの生徒たちが、机に頭を打ち付けていた——"。

---

*1 「2 COOL 4 SKOOL」、「O!RUL8,2?」、「SKOOL LUV AFFAIR」。
*2 VCR（Video Cassette Recorder）。これより派生して、DVDやほかの媒体に保存された動画映像全般を指す。日本ではVTRと呼ばれることが多い。

このVCRが流れている間、舞台上では映像の内容とリンクするように、教室の席についているエキストラたちが机に頭を打ち付けた。また、"監獄のような殺伐とした教室"を表現するため、プロセニアム[*1]に鉄格子（のように見える）セットを配置した。

続いて、教室の扉が開くように中央のLEDが開くと、メンバーたちが階段を下りてきて1曲目となる「N.O」♫を歌い始める。アイドルを鉄格子の中に閉じ込めたまま始まった（たぶん）史上初の公演。「N.O」♫の最初のコーラスの始まりとともにその鉄格子が跳ね上がり、ようやくその扉を開ける。

公演の第1部では、発売曲をジャンル別に2曲ずつまとめ、強烈なダンス曲からトーンを徐々に落としていき、甘いバラードにつないだ。

こうして10曲を消化し、中間のムービーでストーリー性を持たせた後、第2部のオープニングは再び強烈な「No More Dream」♫で幕を開ける。そして「So 4 more」♫を経て、ぼくの大好きな曲「Tomorrow」♫につながる。

この曲ではダンサーがメンバーと向かい合って立ち、扉が開くようなダンスをするのだが、この瞬間を見守るように照明を赤いトーンに抑えて、映像も暗転にしているため、会場中がこのパートの歌詞に集中することができた。

きらびやかな照明と映像が乱舞するダンス曲のコンサートでは、合間合間に配置するこういった静的な瞬間が、興奮して絶叫する観客たちの視線を、しばし舞台に集中させる力を持つ。

＊1　劇場で、観客席と舞台を区切る額縁型の壁面。

「If I Ruled the World」♬から勢いを増した第2部のテンションは
「상남자(Boy In Luv)」♬で幕を下ろした。

「길」♬で始まったアンコールはノリのいい3曲のメドレーで締め
くくられ、メンバーたちはステージを後にした。

しかし、メンバーが去っても公演が終わったわけではない。

暗転した会場には

「STAY TUNED,〈BTS BEGINS〉IS COMING」

という文句が浮かび上がり、客席は再び熱狂した。

続くエンディング・クレジットでは、メンバーたちの公演の練習風景が登場し、最後に7人全員の直筆の手紙が映し出されて、公演は本当に幕を下ろした。

そのすぐ翌日からツアーが始まった。

日本の神戸、東京、フィリピンのマニラのほか、シンガポール、タイのバンコクを回ったツアーは、年をまたいで繰り広げられた。

特に2015年の上半期、ぼくはひたすら新しいキューシート作り[*1]に追われた。

〈THE RED BULLET〉ツアーの最中に別のプロジェクトが飛び込んできたためだ。

2月には日本限定ツアーの〈WAKE UP: OPEN YOUR EYES〉を、
3月初めには〈THE RED BULLET〉の台北公演、
3月末にはソウルで〈EPISODE I : BTS BEGINS〉を催行した。

4月末には新しいアルバム『花様年華pt. 1』がリリースされ、
6月からは、公演内容をアップデートした〈THE RED BULLET 2 nd Half〉ツアーが始まった。

新アルバムの曲をキューシートに反映させると、公演は一層広がりを増した。

＊1　番組や公演などの進行のための曲順や演出上の指示が書かれた一覧表。

6月のマレーシア・クアラルンプール、7月から8月にかけてのオーストラリア2都市、アメリカ4都市、中南米3都市、そしてもう一度バンコク、それから最終都市の香港まで——。

317日間14ヵ国19都市で22公演を行った
〈EPISODE Ⅱ: THE RED BULLET〉ツアーは
防弾少年団の可能性を十二分に確認して終了した。

ツアーが始まった当初は、
誰もが「防弾少年団って誰？」と口にしたものだが
ツアーが終わる頃には、
誰もが防弾少年団の次の企画について語りたがっていた。
こうして、防弾少年団ツアーの扉は開いていった。

〈EPISODE Ⅱ: THE RED BULLET〉ツアーが
完全に終了する4週間前——。

地球の裏側、南米チリの空港ラウンジで
新しい公演〈花様年華 ON STAGE〉の制作が動き出した。

監督さん、残りのアジア2都市はこれまでどおりやれば大丈夫そうですね。
それで、次の冬は三部作はいったんお休みして、
『花様年華』のアルバムコンセプトでコンサートやりたいんですけど、
先にタイトルから決めなくては…。各自線ってソウルで打ち合わせを…

え？ ON STAGE？
いいですね？

すでに考えて
あったんですか？

…うむ。
〈花様年華 ON STAGE〉です

ね、眠い、眠すぎる…

チリが山岳地帯だから
酔いが抜けないのかなァ

いいえ、単なる
思いつきですが…

単なる飲みすぎだよ、
この人ったら

ラウンジでは
ビール無料だよね？

はいON STAGEで
アイディア詰めて
ミーティングしましょう！

〈THE RED BULLET〉ツアー初日のソウル公演がスタートして間もない頃、2015年2月に開催される日本限定ツアーのコンセプト作業に取りかかった。

　今回のコンセプト作業で念頭に置かなければならないことは、まず第一に、この公演が2014年12月に正式リリースされる日本デビューアルバム『WAKE UP』の延長線上にあるツアーであるということだ。ということは、アルバムに収録されている日本オリジナル曲までを**セットリスト**に組み込まなければならない。

　第二に、〈THE RED BULLET〉の日本公演終了から3カ月もしないうちに行われる公演であるため、くれぐれも"焼き直した"感じが出ないよう、新たな演出プランを練る必要がある。

　第三に、"かわいくて優しく、ソフトで親しみやすい"アイドル像を特に好むという、日本のファンの特性も考慮しなければならない。それと同時に、当時の防弾少年団の代表曲の多くが"とんがった"曲であるということも考慮しなければならなかった。というのも、先に行われた〈THE RED BULLET〉日本公演で、「BTS Cypher PT. 3: KILLER」♫を初披露した時の日本の観客の反応が忘れられないからだ。

　激しいビートとともに爆風ラップが始まっても"静かな"客席の反応に、アーティストもぼくら演出陣もすっかり面食らってしまったということがあった。そんなこともあり、次回の日本公演ではソフトなイメージを見せるようにしようと強く思っていた。

*1 p.130参照。

日本限定アルバムのタイトルでもあり、タイトル・トラックでもある「WAKE UP」🎵にもう少しイメージしやすいように〈OPEN YOUR EYES〉というサブタイトルを補足して、公演名を〈WAKE UP: OPEN YOUR EYES〉と名付けた。

　そしてタイトルどおり"目"というテーマから解釈できるすべての演出に対し、舞台デザイン、VJ、VCRなどで視覚化する作業を行った。

　まずは客入れの間中、メンバーの目を接写した映像をIMAG*²に映し出した。客入れが進むごとに7人が少しずつ目覚めていくという演出だ。

　公演が始まると、メインステージから、人間の目をモチーフにした幅20メートルの巨大なセットがせり上がり、さらにそのすぐ後ろの幅20メートルのLEDにオープニングビデオが映し出される。

　目のLEDが赤く輝き、メンバーのシルエットが浮かび上がる。

　強烈なオープニング2曲、ヒップホップ3曲が終わると、バラード1曲と「Tomorrow」🎵が続いた。

　その後に組み込んだ、[トーク→VCR→「いいね！」🎵→「いいね！Pt. 2〜あの場所で〜」🎵→VCR→「Blanket Kick」🎵→「JUST ONE DAY -Japanese Ver. Extended-」🎵] の区間は、日本の観客に的を絞ったとっておきの、それもとことんソフトな隠し玉だった。

＊1　ビジュアル・ジョッキー（Visual Jockey）の略。クラブやコンサート会場などで映像を流す人、またはその映像。
＊2　p.130参照。

セットリスト　Setlist

コンサートで行う楽曲の順序を簡潔に記した文書で、公演の骨子となる。セットリストを決めることは、公演タイトルやメインコンセプト、主な演出案と同様、コンサート演出と制作の第一歩といえるほど非常に重要なものだ。特にダンス曲が多いアイドルの公演のセットリストとなると、以下a.〜e.に代表される多くの点を考慮する必要がある。

a. 最新アルバムの収録曲すべて

真っ先に考慮すべきなのが最新アルバムの収録曲だ。まだ振り付けが決まっていない曲の場合は公演のために新たに振り付けを作ったりする。

b. これまでの主なヒット曲

デビューして3年目くらいまでのアーティストなら、持ち歌をすべて歌えばすむのだが、経歴を積んだアーティストとなると、むしろ"数あるヒット曲の中から今回はどれを外すか"を決めることで頭を悩ます。

c. ダンス曲と非ダンス曲の割合、バランスと順序

激しいダンス曲を3曲も続けて歌えば、たいていのアーティストは体力を消耗して気持ちも途切れがちになる。アーティストを守る意味でも、全体のセットリストの中でのダンス曲の割合のほか、ダンス曲が固まりすぎないような順序で組み立てることが大切だ。特に2〜3週間にわたる"死のロード"が予想される欧米ツアーや、猛暑下での野外コンサートの場合は一層の注意が必要。

d. 全体のコンセプト、メイン演出とのマッチング

公演のコンセプトを生かせる曲、演出家サイドでオープニングやエンディングに最適だと目をつけておいた曲、メイン演出にぴったりハマる曲は優先的に組み込まれる。

e. ソロ曲とユニット曲

全体の流れをじゃますることなく、かつ、メンバーにとって休憩時間を与えられるようにうまく配置しなければならない。

IMAG（アイマッグ）

ステージから離れた席の観客にもアーティストがよく見えるように設置する大型LED（プロジェクションスクリーンともいう）。たいていはアーティストが立つステージの左右に設置し、会場の規模につれてIMAGも大きくなる。特に"推しメンの表情を見ること"が相対的に重要なアイドルの公演においては欠かせないものだ。また、単に彼らの表情を見せるだけでなく、全体のビジュアル・アートワークのひとつとして使用される役割も担っている。

この区間は様々な見どころを織り込んだ。トークで観客の好奇心を自然な流れであおりつつ、その好奇心をメンバーが出演する短いシットコムVCRにつないだ。シットコムのストーリーは、その後に披露する2曲の歌詞のプリクエル（前日譚）となるように作っている。

「いいね！」♪と「いいね！ Pt. 2〜あの場所で〜」♪は、Facebookで“いいね”を押し合う別れた恋人についての歌詞だが、この2曲を歌っている間のVJはFacebook画面のデザイン風に演出した。

続くVCRではここまでのストーリーにつなぐと同時に、日本語を勉強しているメンバーの様子や日本で流行しているギャグを繰り出す姿、防弾少年団の日本語曲の歌詞を盛り込んだりして、彼らのおちゃめな（！）姿を愉快に描いた。

このVCRの最後のシーンは、次に続く曲「Blanket Kick」♪の出だしにつながる。当時の彼らのセットリストの中でも“コミカルな”面を担っていたこの曲の演出に、曲中に消えたJUNG KOOKが2階から現れるというトリッキーな動線を構成した。というのも、〈THE RED BULLET〉のツアーで各地を回っている間に、「Blanket Kick」♪のJUNG KOOKの動線がすっかり知れ渡ってしまったため、新たな演出が必要になっていたからだ。

「Blanket Kick」♪と「JUST ONE DAY」♪のVJも、あちこちのシットコム撮影地で実際に撮影してそれなりのものを作り上げ、この2曲を見た観客がVCRから受ける感覚が1本につながるように意図した。

この2つのVCRと4曲のバラードで構成した30分のミニドラマは、日本の観客を意識して作っただけあり、大いにウケた。トークとVCRのあらすじ、歌詞、VJのオブジェが生み出した一体感は、このドラマをけん引し、メンバーを際立たせる最強の武器となった。

ところでこの武器作りがメチャクチャ×100倍大変だった
2015年1月15日、原稿締切日

2015年1月18日、撮影

修正が好きな人などいない……

2015年2月9日、初めての現地リハーサル後の楽屋で

＊1 韓国で圧倒的なシェアを誇るメッセンジャーアプリ「カカオトーク」のデフォルト通知音。同時に受信すると
「カカカ…トク！」となる。

134

演出陣の血、汗、涙で作ったミニドラマの上映後、日本初披露となるユニット・ステージ2曲のパフォーマンスが終わると、ぼくらが精魂込めて仕込んだ「If I Ruled the World」♬の番だ。

　「たとえ世界を支配したって」「俺たちは音楽を続ける」という意味の英語の歌詞のリフレイン部分には、客席とのコール＆レスポンスにぴったりのパートがある。

　原曲どおりにノリノリで3番まで歌い終わり、会場にいる全員が次の曲やトークを期待して見守っていると、メンバーたちは無言のまま、マイクをズボンのポケットにしまい込む。そして観客に向けて「静かにして」と請うようなジェスチャーを送る。

　会場が静まると、メンバーは上手側の客席に向かってリフレイン・パートをアカペラで歌ってみせた。
　それに呼応するかのように上手側の観客が一斉に合唱した。
　次に下手側の客席に向かって同じパートを歌うと、下手側の観客は、上手側の観客よりも一層大きな声で歌ってくれた。
　最後に全員に向かってもう一度ステージ上から呼びかけると、先ほど別々に歌っていた声を合わせた以上の、さらに大きな歌声がひとつになって会場を震わせた。

　その直後、スピーカーから爆音で流された音楽に合わせて、再びステージと客席との掛け合いが繰り返されて、曲が終わった。

J-HOPE　わ〜、ぼく、今、本当に感動しました

JIMIN　ぼく、これはできないと思ってました

V　アーミーのおかげでできましたね！

SUGA　ホント鳥肌が!!

JIN　最高！すごい！

JUNG KOOK　やっぱりアーミーと一緒にやると、もっと盛り上がりますね！

RM　一緒に歌ってくれて本当にありがとうございます

日本の観客に
こんなに
ウケるなんて！

本気を感じた！

すごい！

防弾少年団の声！

大成功だ！

ああ、
ぼくも
鳥肌が…

あれだけの大空間で、いくつもの機器が鳴らし出す音に代わって、アーティストと観客の声だけで対話したあの場面は、わずか30秒にも満たない短い時間だったにもかかわらず、その場にいたすべての人々に、鳥肌の立つような鮮烈な感動を与えた。

　足し算ばかりではなく、引き算をしたほうが良い時もあるのだ。

　そんな大小様々なエピソードとともに、9日間4都市6公演のステージはあっという間に終了した。

　最後の福岡公演の後、アーティストと韓国と日本の全スタッフが参加した心温まる打ち上げが、素朴な居酒屋で開催された。

　初めての日本ツアーの成功を祝して、そして、防弾少年団の未来とそのまた未来について語り合った。

　乾杯の音頭を取ってほしいと頼まれたので、「If I Ruled the World」♬の中にある「あり得ないとわかっているけど」という歌詞のように、あり得ないと思われるかもしれないけれど、ぼくらが目指す未来についてコメントした。

2014年の冬──。

ぼくらは、翌年の15年3月にソウルで開催される
〈2015 BTS LIVE TRILOGY EPISODE I : BTS BEGINS〉の準備
を始めていた。

三部作のうち、最初に披露された 〈EPISODE II : THE RED
BULLET〉ツアー公演のプリクエルである 〈EPISODE I : BTS
BEGINS〉は、防弾少年団のストーリーの中でも彼らの誕生につい
ての物語だった。

おまけに〈BTS BEGINS〉は、"ツアーではなく、ソウルでのみ"
公演される、防弾少年団の唯一無二のコンサートだったのだが、"ソ
ウル限定公演"であるということが、まさに〈BEGINS〉というタイ
トルにふさわしいと思った。

"始まり"は一度きりなのだから。

ぼくらは、素顔のメンバーたち(少年と青年の間の存在)と、"防
弾少年団"としてのメンバーたちが持つキャラクターをクロスオー
バーさせて、公演VCRの中のメンバーと舞台上の実際の彼らがリン
クして見えるよう、絵コンテを練り上げ、それに合わせてVCR
の脚本と公演キューシートを作成した。

〈THE RED BULLET〉と〈WAKE UP〉で得たストーリーテリン
グのノウハウは、〈EPISODE I : BTS BEGINS〉で花開き、公演の
様々な部分に生かされた。

舞台セットは、老朽化してもなお威圧的であり続ける学校の外観をモチーフに組み立て、壁のあちこちには建物が被弾したイメージでハロゲンランプを埋め込んだ。中央の大型LEDが開いたその奥にもセットを組んだ。そこは、例の厳格な学年主任教師が授業をしていた教室のようにも、誰にも使われていない古びた音楽室のようにも見える舞台だ。（すべてVCRに登場する空間そっくりに舞台上に再現した）学校の外観セットがはね上がった空間には照明と大小様々なサイズのモニターをくっつけた奇妙な形のオブジェを配置した。

　メインとなる**Aステージ**から離れた席の観客のため、B、Cステージまで設置した。7人のメンバーがもっと動き回れるように、もう少しステージを増やしたかったが、チケットが1秒で完売する予定の公演だし（実際そうだった）、スタンディングエリアの面積確保のため、張り出しステージはそれ以上増やせなかった。

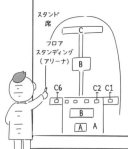

ステージと、効率の良いネーミング

Aステージ：観客から見て正面の舞台。メインステージである。
Bステージ：舞台から客席側にせり出したステージ。そのほかにも舞台がある場合はCステージ、Dステージと名前をつける。このように決めておくとコミュニケーションが取りやすい。

たくさんの人が働く現場では効率の良いネーミングが重要になる。特にステージ構造がメインステージとセンターステージの2つだけならまだ良いが、図面が複雑になるほどネーミングが重要だ。リフトの台数が増えると、舞台奥からアルファベット順にA、B、C…と名前をつけ、横一列に設置する場合は下手側からC1、C2、C3…と名付ければ良い。もちろん、この方法以外でもみんなが覚えやすいネーミングであればOK。ツアー中は最初に名付けたネーミングのまま使えば、どこへ行ってもスタッフ同士のコミュニケーションが取りやすくなる。

スタンド席
フロア
スタンディング
（アリーナ）
C6　C2 C1

ストーリーテリングは、公演会場の時空間を2013年3月2日、VCRの中のメンバーたちが高校に入学した日の、厳格な学年主任教師が立ちはだかる校門に設定した。

　（つまり、2013年3月2日に高校に入学し、〈BTS BEGINS〉と〈THE RED BULLET〉のVCRの中での物語を経て、実際の彼らのデビュー日である13年6月13日に学校から飛び出したという設定だ）

　最初のVCRには、メンバーたちの実際の中学時代の卒業写真が登場する。続いて会場に長いサイレンの音が響き渡り、〈THE RED BULLET〉VCRの教師役の俳優がステージに登場する。教師は、「スタンディングエリアの生徒たちは前の人を押さないこと」や、「学校（会場）で写真や動画を撮ってネットにアップするな」などの注意点を話した後、「そこの生徒！　遅刻だ！　さっさと走ってこい！」と一喝して消える。

　続くVCRでは7人の少年たちの高校の初登校シーンが描かれる。
　イヤフォンをつけて憧れのお兄さん風情で登場するJIN、
　ダッフルコートを着て近所の飼い犬と遊ぶV（Vのダッフルコートと子犬はこのVCRに由来する）、
　登校途中に寄り道した公園で偶然出会うJIMINとJUNG KOOK、
　バス停で路線図を見るRM、
　チョコレートバーをかじりながら天真爛漫な様子で歩くJ-HOPE（J-HOPEのチョコレートバーもここから彼のアイコンになった）、
　携帯にラップのリリックを書きながら歩くSUGA。

　遅刻した7人の生徒は、罰として数年間開かずの間となっていた倉庫のような廃音楽室の掃除を言いつけられる。

実にいい質問だね。

これはぼくが実際に経験したことなんだけどね、まさにぼくが高1の時さ。
ぼくもこのストーリーみたいにちょうど高1の頃、学校が嫌でね。
反抗ってほどではないにしても、とにかくいやだったって感じ?
ところがたまたま校舎の隅っこに隠れた教室を発見してさ。
二重ドアを開けると、古びたピアノと長椅子があった。かなりほこりをかぶっててね、
きっと昔、音楽室として使われてから放置されてた教室だったんだろうな。
ぼくは休み時間や昼休み、夕飯の時間にしょっちゅうそこに忍び込んでは、
ピアノを弾いて歌を歌ったんだ。ぼくだけのアジト、ぼくだけの音楽室だった。
調律されてない古いピアノでも本当に幸せだったんだよ。
そんでさ、ある日、朝の自習時間にとても眠たかったぼくは、友達と音楽室にしけ込んで
長椅子で寝そべってたんだけど、担任がやって来てさ。結果は…
ホッケーのスティックでぶん殴られて…ホッケーのスティックがあんなに硬いって初めて知ったよね…
罰としてその音楽室を掃除させられたのさ。
濡れ雑巾でどんだけこすっても床にこびりついた汚れが全然取れなかったなぁ。
それ以降、音楽室には重い錠前がかけられてしまった。
ぶっちゃけ、殴られた痛みより、
ぼくだけの音楽室がなくなってしまったことの方がつらかったなぁ。
しかし、この出来事がぼくの人生に及ぼした影響といったらね…

ラップかと思った

でもなぜよりによって
倉庫みたいな
廃音楽室のセットなんです?

余計なことを〜

ごめん…

もううんざり…
この話、前にも
聞いたような…

初めて顔を合わせた入学初日から気分最悪な7人の少年たちは、苦虫を噛み潰したような顔で廃音楽室に入る。

　廃音楽室の一方の壁には何やら英文がぎっしり書かれ（この英語の文句はジョージ・オーウェルのSF小説『1984』やオルダス・ハクスリーの『すばらしい新世界』など、主に“支配”、“抑圧”、“統制”などについて書かれた文学作品の文章を引用した）、ほこりだらけの床の上には薬莢が散らばっている。

　こんなうつうつとした雰囲気の廃音楽室で、SUGAが古ぼけたキーボードを見つけて弾き始める。

　それを見たほかの少年たちも次々にSUGAのもとへ集まり、J-HOPEとJIMINが、みんなからひとり離れてつっ立っているJINに近づき、肩を組んで連れてくる。（集団から一歩引いているJINを連れてくるという彼らのこの役割も、普段から心配りのできるJ-HOPEとJIMINのキャラクターを反映させたものだ）

　少年たちはキーボードの音だけで廃音楽室の雰囲気を変え始めた。

　VCRが終わり、舞台中央のLEDスクリーンが開くと、廃音楽室のシーンと同じようにスタンバイしたメンバーの姿が見える。

　VCRの中のSUGAと同じく、ステージ上のSUGAもキーボードの前に座っている。

　キーボード曲にアレンジされた「Jump」♫の前奏が流れ、廃音楽室で歌い遊ぶ演技をしていたメンバーが、ステージの階段を下りてくると同時に公演が始まった。

　このオープニングのシーンは、VCRから7人が飛び出してきたようなストーリーを意図した。

「初めて出会い、音楽で仲良くなった7人の少年」というシノプシスに合わせ、第1部のセットリストには主に彼らが練習生時代に公開していた曲と、ファースト・アルバムの収録曲を中心に盛り込んだ。

　デビュー前後の曲で構成した第1部が終わると、VCRが再び観客をストーリーの中へいざなう。

　廃音楽室には、彼らが親しくなってから3カ月後を意味する「2013年6月12日」のカレンダーが見える。
　少年たちは、壁に書きなぐられた抑圧と統制についての文句のその上に真っ赤なスプレーで落書きをし、好きな音楽を大音量でかけて踊りながら遊んでいる。
　JUNG KOOKがボリュームをマックスに上げた途端、散らばっていた薬莢が少しずつ赤い光を放ち始め、壁だと思われていた廃音楽室の一角がガラガラと崩れ落ちる。
　そこには幾重にもくさりがかけられたクローゼットがあった。これを見たRMは、教室にあった壊れかけの椅子を手に取ると力いっぱい振りかざして錠前を壊し、扉を開ける。（彼がクローゼットの扉を開けることは、RMによって防弾少年団が企画されてスタートしたという、グループ誕生の実話になぞらえたものだ）

クローゼットの中には（当時、防弾少年団のロゴでもあった）防弾チョッキ7着がずらりと掛けられており、自らの運命を直感した少年たちは防弾チョッキを羽織ると、赤く輝く弾丸をチョッキのポケットにしまった。

　ステージ上に、映像と同じように防弾チョッキを羽織りながらメンバーが登場する。第2部のテンションを一気に盛り上げる強烈な群舞曲が続く。

　ユニット曲、バラード、ミディアムテンポ、観客参加型の新曲が続く間、メンバーたちは花道とB、Cステージを縦横無尽に動き回り、観客と目を合わせ、続く「If I Ruled the World」♬ではマイクなしの大合唱で会場を沸かせた。
　ライブ初披露となった「BTS Cypher PT. 1」♬と「BTS Cypher Pt. 2: Triptych」♬で再びテンションを上げると、火薬や火柱などの特殊効果とともに「Danger」♬、「호르몬 전쟁」♬、「진격의 방탄」♬の3曲が披露され、第2部を締めくくった。

　観客が心をひとつにして「アンコール！」を叫ぶ中、"現実の防弾少年団のメンバー同士が、初めて顔を合わせた時"を語るメンバーたちのVCRが流れる。

「初めて会った時」──、

ナムジュン（RM）がどんなダンスを踊っていたのか、

それを見たジョングクが何を言ったのか、

ユンギ（SUGA）はどんな帽子姿でどんな香水をつけていたのか、

ホソク（J-HOPE）がどれだけ浅黒かったのか、

ジョングクがいかに片目を隠す前髪にこだわっていたのか、

テヒョン（V）がなぜノースフェイスの赤いダウンジャケットを着ていたのか、

ソクジン（JIN）がジミンに対しどんなカリスマあふれる話を聞かせたのか、

ジミンがはいていたジャージのお尻には何が書かれていたのかをそれぞれが愉快に回想した。

　そしてその愉快なムードは、アンコールの1曲目、「흥탄소년단（フンタン ソニョンダン）」♬につながった。

「상남자（サンナムジャ）（Boy In Luv）」♬で公演の盛り上がりが最高潮に達すると、メンバー一人ひとりが最後のあいさつを伝えた。

（当時も今も）RMが最後に締めのあいさつをして照明が暗転すると、メンバーたちはBステージ中央にある円形ターンテーブルの上で観客に背を向け、お互い向かい合って立った。

　〈BTS BEGINS〉の最後の曲には、今もファンの間で涙腺を刺激する"涙スイッチ"と呼ばれている「Born Singer」♬をセットした。

アーティスト本人にとっても初期からのファンたちにとっても胸に響くであろう歌詞のこの曲を、メンバーにはその日の思いを込めて歌ってほしかったし、ファンたちには彼らの姿に心から共感してほしいと考えたのだ。

　ターンテーブルがゆっくりと回り始め、目を閉じて最初のメロディを歌うJUNG KOOKの声は涙混じりだった。
　彼が感情を高めたというよりも、まだ幼かった彼が感情に"揺さぶられた"ように見えた。

　3人のラッパーがそれぞれの自己省察、叫び、思いを吐き出すと、7人のメンバーはその場でくるりと振り返り、観客と向き合う。
　観客に向かってサビをワンコーラス歌い上げた後、次のコーラスでは「ぼくらと一緒に歌って」とばかりにマイクを客席に向ける。
　この最後のコーラスでJUNG KOOKが流した涙が、ぼくの心にずっと残っている。

では次の曲を説明します。
RMが最後のコメントを言って、
暗転したら皆さんが輪になって
お互いに見つめ合います

お互いに見つめ合いながら、
この歌詞を書いたときの感情を
たっぷりかみしめてください。
そしてステージが回転します

この歌、歌詞が最高なんだよな

見つめ合って歌ったら…

本気で涙腺崩壊するかも

感動的な「Born Singer」♪の後奏がリピート演奏される中、メンバーたちはB、Cステージを行き交いながら観客と目を合わせながら最後のあいさつをする。Bステージの中央で全員が手をつないで一礼する姿を見て、観客の誰もが、この感動の余韻のまま今日のコンサートが終わると思ったはずだ。

　しかし、その瞬間、会場には耳をつんざくサイレンの不快音が鳴り響く。AステージのLEDの後ろには、いつの間にかあの教室が登場していて、例の教師が「遅刻したやつらはさっさと教室に戻らないか！」と声を荒らげる。

　メンバーたちは観客に背を向けると、教室に向かってゆっくり歩き出す。
　かくして三部作の中に再び入っていったメンバーたちは、〈THE RED BULLET〉の最初のVCRの絵のように机に座り、観客に向かって振り向くと、意味深長なまなざしを向ける。
　ここで本公演〈BTS BEGINS〉のラストシーンが、〈THE RED BULLET〉のストーリーテリングのオープニングと結びつくのだ。

　LEDが左右から閉じられると、「STAY TUNED, EPISODE Ⅲ IS COMING」という文句が映し出され、最後まで観客をざわつかせてようやくエンディング・クレジットが流れる。

　2014年10月に初公開された〈EPISODE Ⅱ : THE RED BULLET〉に続き、2015年3月、〈EPISODE Ⅰ : BTS BEGINS〉はこうして幕を下ろした。

デビューして1年9カ月——、防弾少年団はきっと、"始まり"という単語を使ってもおかしくない最後の瞬間に立っていた。

　もう誰も彼らのことを"新人"だなんて呼ぶことはなかったし、同時に「新人だから」「デビューして日が浅いから」なんて言い訳も許されないところまで来ていた。

　〈BTS BEGINS〉を終えたぼくらは、ただ"進撃"あるのみだ。

　勇敢なまでに先々の公演スケジュールを押さえ、公演のクオリティーにも投資を惜しまないマネージメント会社のありったけの支援とともに、PLAN Aも、果敢な演出と、これをベースとした革新的で先進的な会社へと、また一歩踏み出した。

　ぼくらは三部作を一時休止して、
『花様年華』の世界へと"進撃"を始めた。

2015年11月——。

アルバム『花樣年華pt. 2』の発売を3日後に控え、『花樣年華pt. 1』と『花樣年華pt. 2』をまとめる公演となる〈花樣年華 ON STAGE〉が、ソウルのSKハンドボール競技場からスタートした。ソウル3公演を皮切りに、横浜2公演、神戸3公演という日程だった。

アルバムが少しずつたまってきたおかげで、セットリストの候補曲も増え、MVなどマネージメント会社側が提供してくれた映像にも、公演で使うのにぴったりのネタが満載だった。

「I NEED U」♪で地上波音楽番組で初の1位を獲得し、観客動員力を急速に上げていた防弾少年団は、1公演4000席余りのハンドボール競技場3公演も瞬時にソールドアウトさせた。ぼくらにとっても、本気でビッグ・ピクチャーを描いた演出で勝負できる良い機会だった。

　当時、アルバム『花樣年華』で描かれた世界観のオーラがあまりにも強烈だったので、公演ではその世界観を再解釈すると同時に、〈花樣年華 ON STAGE〉というタイトルにふさわしく、会場でしか見られない『花樣年華』の新たな一面を観客に楽しんでもらおうと思っていた。

　公演のオープニングとエンディングは、公演3週間前に公開されていた'花樣年華 ON STAGE: prologue'というVCR映像からヒントを得た。プロローグのストーリー後半に7人が車に乗って海に向かうのだが、ここに「海に着く前に町の写真館で最後の写真を撮る」という新たな設定を追加し、この設定が公演のオープニングVCRとエンディングVCRの背景となった。

　オープニングVCRで、7人の少年が屈託のない笑顔を浮かべてレトロな写真館のレンズの前に座る。「写真、撮りますよ」という掛け声と同時にフラッシュが光るとVCRが途切れ、重厚なサウンドの「OUTRO: House Of Cards」♪が流れる。

　舞台を覆う半透明の紗幕にはよどんだ彩色が施され、幕の向こうに透けて見える舞台には、"prologue"のラストの「ジャンプ台」のシーンが再現されている。そのショートムービーのように、V（実際は代役）が危険なジャンプ台に上がり、ジャンプ直前に鼻先をこするアクションをしてオープニングが終わる。

この紗幕を切って落とす最初の曲が、Vが初めて作曲に参加した「잡아줘(Hold Me Tight)」♬だった。

第1部のラストは、"牛骨"曲(出汁の出る牛骨みたいに何度も使い倒す曲)になりつつあった「No More Dream」♬と「N.O」♬を、ダンスを捨てて大胆にもハードロック調に編曲したステージを見せた。

続くVCRは、「もし二十歳前後のメンバーたちが、芸能人ではなく平凡な青年だったなら、今頃どんな青春の花様年華を過ごしているだろうか?」という仮定から出発した。

学生食堂で異性と目が合わせられないシャイなJUNG KOOK、
古書店で本を読む知的なナムジュン(RM)、
公園で友人たちとバスケをして汗を流すユンギ(SUGA)、
三清洞のおしゃれな通りを写真に収めるソクジン(JIN)、
カラオケでにぎやかに時間を過ごすJIMIN、
東湖大橋が見える漢江を散策するホソク(J-HOPE)、
色鉛筆でファッションスケッチをするテヒョン(V)。

7人の少年たちの幸せな表情が登場する間、
VCRでは黄色い蝶がひらひらと羽ばたいていった。

公演中は、2パートに分けて上映されたこのVCRの間には、メンバーの自伝的な話を盛り込んだ曲「이사」♪を配置し、MVの中でメンバーが飛び跳ねていた（20785と書かれた）コンテナを縮小して作り、舞台に設置した。

　VCRで羽ばたいていた蝶が舞台にとまると、「Butterfly」♪のイントロとともに、その場所からまるで蝶が生まれ変わってきたようにメンバーが登場する。

　「힙합성애자」♪、「2학년」♪、「흥탄소년단」♪、「쩔어」♪をひとくくりにしたセクションで、メンバーたちはY字形にせり出した舞台とその先に設置したリフト、会場内の通路までを元気に飛び回り、観客を喜ばせた。

　バンドのおかげで豊かになったサウンドは、ここでもいい仕事を見せ、「상남자(Boy In Luv)」♪で本公演が終わった。

　アンコールのVCRは、「メンバーたちは幼い頃にどんな夢を持っていたのか？　人気アーティストになった今はどうなのか？」というテーマのストーリーだった。

　ぼくらはメンバーたちの胸のうちを聞く事前インタビューを行い、それをもとに撮影原稿を整理したが、深みのある彼らの話をすべて盛り込もうとしてボリュームが出てしまった。

　そのため、全7公演の間、公演ごとに毎回一人のVCRを公開した後、ツアー終了後に発売されるDVDに7人全員の物語を収録することにした。

アンコールの1曲目は選曲からぶっ飛んでいた。

SUGAのソロ曲「INTRO: Never Mind」♫のイントロが流れると、SUGAが客席に背を向けたまま（！）舞台上に登場する。

自伝的なストーリーをラップし続ける間、彼の前に巨大な鏡が登場し、SUGAはその鏡に映る自身を見る。

やがて振り返ったSUGAが客席に向かってより強くリリックを吐き出し始めると、残りの6人のメンバーが登場し、SUGAの行く道に賛同する。

続く、メンバーの故郷についての思いを込めた「Ma City」♫には、光州、巨昌、大邱、一山、釜山、果川などの地名が記されたバスターミナルの待合室を丸ごと持ってきたようなセットを作った。

メンバーは自分の故郷行きの表示の下で、待合室の長椅子に寝転んだり、その上を飛び越えたりして楽しく遊んで見せた。

最後のコメントの後、待望の「I NEED U」♪がラストを飾った。

最初のラップを担当したSUGAはイヤモニを外して観客の合唱を聞いていた。花が咲いて散るような終盤のダンスが終わり、バンドの力強い演奏に合わせてメンバーたちが観客に深々とあいさつして退場していく中、Vだけがステージに残った。

華やかな公演のフィナーレともまったく違った雰囲気だ。

いつの間にか舞台にはあのジャンプ台が設置されていて、再び「OUTRO: House Of Cards」♪が流れる。

Vがゆっくりとジャンプ台に上り、てっぺんで鼻先をこする。

まるで今にも飛び降りてしまわんかのように。

＊1 『ギャグコンサート』は1999年から2020年までKBSで放送されていた韓国の国民的コメディ番組名。

その瞬間、照明が暗転し、エンディングVCRが映し出される。

オープニングVCRのラストシーンに戻り、「写真、撮りますよ」という言葉とともにフラッシュが光り、少年たちは笑顔で写真館を後にする。

現像された写真には、JINだけ(！)が座っていた。

この設定は、防弾少年団のストーリーを理解する鍵となった。

ところで、メンバー数が多いグループの公演における動線の基本原則は、公演回数に限らず、メンバーそれぞれの動線を公平に散らすべきということだ。

例えば、メンバーAが3日間3公演をする間に"X"区域を9回訪れるのなら、メンバーBも同じ期間の間、"X"区域に9回、またはできるだけ9回に近い回数訪れなければならない。つまりどこの座席の観客でも、メンバー全員をまんべんなく観られるようにしようという意図だ。

毎日変化するこの動線のためには、リハーサルも毎日必要になる。指示用のプロンプターも設置するが、いざという時はその場でアーティストに伝えている。

フィナーレでの全体的な舞台デザインは「I NEED U」のMVの雰囲気を生かし、下手側は「撤去される途中の鉄骨があらわになったマンション」、上手側は「事業の中断で完成できなかった無人のマンション」をそれぞれデザインコンセプトにし、左右のIMAGには"prologue"の重要なオブジェに用いたインスタントカメラやビデオカメラを想起させるセットでLEDを囲んだ。

　フラットな楕円形の会場の特性を考慮し、左右の観客をカバーするようにY字形の張り出しステージを設計し、フロアと2階スタンド席の高低差の克服のため、Y字形の先端には5メートル上昇するリフトを設置した。

　舞台中央の巨大な"ヤンコチ3種セット"は、舞台デザインと演出の最も核となるポイントだった。

＊1　ヤンコチ。「양꼬치」。韓国語で羊肉の串焼き。

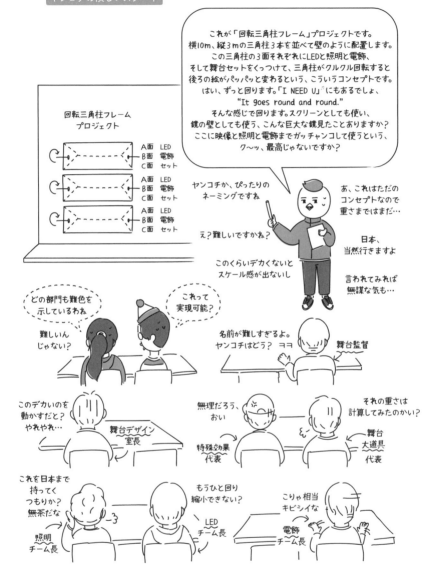

これが「回転三角柱フレーム」プロジェクトです。
横10m、縦3mの三角柱3本を並べて壁のように配置します。
この三角柱の3面それぞれにLEDと照明と電飾、
そして舞台セットをくっつけて、三角柱がクルクル回転すると
後ろの絵がパッパッと変わるという、こういうコンセプトです。
はい、ずっと回ります。「I NEED U」にもあるでしょ、
"It goes round and round."
そんな感じで回ります。スクリーンとしても使い、
鏡の壁としても使う、こんな巨大な鏡見たことありますか？
ここに映像と照明と電飾までガッチャンコして使うという、
ク〜ッ、最高じゃないですか？

回転三角柱フレーム
プロジェクト

A面　LED
β面　電飾
C面　セット

A面　LED
β面　電飾
C面　セット

A面　LED
β面　電飾
C面　セット

ヤンコチか、ぴったりの
ネーミングですね

あ、これはただの
コンセプトなので
重さまではまだ…

え？難しいですかね？

日本、
当然行きますよ

このくらいデカくないと
スケール感が出ないし

言われてみれば
無謀な気も…

どの部門も難色を
示しているわね

これって
実現可能？

難しいん
じゃない？

名前が難しすぎるよ。
ヤンコチはどう？　ココ

舞台監督

このデカいのを
動かすだと？
やれやれ…

舞台デザイン
室長

無理だろう、
おい

特殊効果
代表

それの重さは
計算してみたのかい？

舞台
大道具
代表

これを日本まで
持ってく
つもりか？
無茶だな

照明
チーム長

もうひと回り
縮小できない？

LED
チーム長

こりゃ相当
キビシイな

電飾
チーム長

装備をつけたフレームと、ヤンコチの軸を回転させるモーターが制作された。ずっしりとしたフレームに装備まで取り付けたヤンコチはひと固まりでゆうに3トンを超えた。総重量10トンになるヤンコチのセットを空中で回転させることは、並大抵のことではなかった。

　舞台チームの倉庫前の庭で、実際に装備をつけて回してみる**プリプロダクション**を2度も行ってはみたものの、不安を抱えたままでソウルの現場セットアップ（仕込み）に入ることになった。

　無事にソウル公演を終え（！）、すぐさま輸送されたヤンコチ関連の機材を含み、横浜アリーナで17時間という超高速セットアップを終えた時、韓国と日本のスタッフ全員が、上まぶたと下まぶたがくっつきそうになっていた。（深夜0時に入り17時にリハーサルを開始しなければならないというハードスケジュールだった）

BTSチームでは
縮めて「ププ」と
言っていました

ナイスなアヒルの公演用語辞典

プリプロダクション（Pre Production）

現場に実際に入る前に、前もって行うすべての作業。狭い空間で主要機材だけ組み立てる場合から、3Dによる公演シミュレーションを見ながらビジュアル調整をする場合、または、広い空間で実物そっくりに作った場所でアーティストが動線練習を通して行う場合まで、その内容や規模も様々だ。きちんとプリプロダクションを終えて入る公演現場は、余裕がありスムーズで、良い公演に仕上がる確率が高い。

日本ツアーのヤンコチ撤収

「当分は焼き鳥は
食べないと思いますねぇ」

日本の舞台監督
イシヤマ監督

PDさん、
今回のは本当に
大変すぎましたよ。
はははは

日本の
プロダクションマネージャー
アンディー理事

イシヤマさんが、ご自身は
"焼き鳥を当分食べないつもり"
だそうですよ

ぼくもしばらくは食べないって…
大変お疲れさまでしたと伝えて…

神戸で
お会いしましょう

アンディー理事、
ヌナも
お疲れさまでした

終わった…

はあ…

2015年6月に催行するつもりだったセカンド・ファンミーティングは、その年に猛威を振るったMERS（中東呼吸器症候群）のため延期を余儀なくされたが、〈花様年華 ON STAGE〉が終わった後の16年1月末に、高麗大学校化汀体育館で行われた。

　そのファンミーティングが終わるやいなや
　ぼくらは息つく暇もなく、
　〈花様年華 ON STAGE〉の次の物語を盛り込んだ新たなツアー、
　〈花様年華 ON STAGE: EPILOGUE〉の準備に取りかかった。

　防弾少年団のコンサートは、約2500人収容のAXホールからオリンピックホール、そしてSKハンドボール競技場を経て、ついにオリンピック公園体操競技場の門をくぐることになった。

＊1　現KSPO DOME。約1万5000人収容。

花樣年華 ON STAGE: EPILOGUE Tour
: 20160507-20160814

　2016年5月2日、「花樣年華」シリーズ最後のアルバム、『花樣年華 YOUNG FOREVER』が発売されると、その週末の5月7日と8日、ソウルオリンピック公園体操競技場にて〈花樣年華 ON STAGE: EPILOGUE〉ツアーの幕が切って落とされた。

　会場となったソウルオリンピック公園体操競技場は、1公演あたり1万人以上を収容できる当代きっての「国内最大の屋内ホール」の座にあった。

　なにしろ会場が大きくなれば、かかる費用もそれだけ大きくなる。1公演だけでは到底採算が合わないため、通常は2公演またはそれ以上を回して収益を回収する。つまり体操競技場とは、それだけの自信がなければ利用できないハードルの高い会場なのだ。

　したがって、体操競技場2公演以上を（チケット価格が高い）単独コンサートで完売にできるアーティストともなると、コンサート業界ではそのアーティストのことを誰もが"Aクラス"認定するといっても過言ではない。ゆえに多くのアーティストたちが「体操競技場で単独公演を行うこと」を夢に挙げることもあるほどだ。

前年の11月末にハンドボール競技場3公演を終えてからわずか
半年で、体操競技場2公演までも即完売させた防弾少年団の歩みは、
まさに順風満帆だった。彼らの時間は文字通り "人生で最も美しい
瞬間" という意味の "花様年華" に向かって疾走していた。

　だからぼくらPLAN Aは、防弾少年団が歩んでいる "スター街
道" をこの公演で世間に見せつけてやり、"泥のスプーン" だの、"中
小アイドル" だのという不名誉な修飾語を返上し、今現在の防弾少
年団が名実ともに頂上に立っていることをアピールしたかった。
（そして実際にその当時は、ぼくは本当にその時点がピーク目前だ
と思っていた。しかしそれから4年半の間、BTSはさらなる勢い
に乗ってソウルだけでも体操競技場公演の当時より6倍も多くの
観客を動員している）

　オープニングVCRに華やかなファッションフィルムのスタイル
を選んだのはそんな理由からだ。前回の〈花様年華 ON STAGE〉
が町のレトロな写真館を背景にしたので、今回は華やかなグラビ
アを撮影するモダンなスタジオを背景にすることにした。

　〈花様年華 ON STAGE〉の「Butterfly」♬のイントロをセルフオ
マージュしたスチール製の大きな蝶がステージ上に舞い降りると、
その場所から蝶の生まれ変わりのようにメンバーが登場する。

＊1　英語のsilver spoonにちなんだ「恵まれない生まれの、貧しい階級の」という意味の韓国の新造語。BTS
　　がデビューした当初、いわゆる大手芸能事務所ではない事務所所属のアイドルということで、「"泥のスプー
　　ン"アイドル」などと揶揄されていた。

今までよりずっと巨大な会場で、しかもこれまでの3倍の大観衆が歓声を上げる中にあって、メンバーたちは緊張するそぶりを微塵も見せることなく、ファンたちとのやりとりを楽しみ、余裕たっぷりにMCをして大物ぶりを発揮した。

＊1 「車（チャ）からドア（足ムン）を開けて下りてきた男（足ナム）」の略で、2015年「MelOn Music Awards」の会場に現われたJINの登場がかっこよすぎると話題となり、ニックネーム化した。

「고엽」♪、「Butterfly」♪ダンスバージョン、「Outro: Love Is Not Over」♪、「OUTRO: House Of Cards」♪フルバージョンなど、初披露となるステージが続く中で、RMのソロ「Intro: What am I to you」♪は深い印象を残した。

8曲目となったこの歌の持つエネルギーを表現するために、直前まで出し惜しみしていた花道の動線を使った。Aステージの最後方からたった一人で登場して最前線まで60メートル直進しながらラップするRMの姿は、彼がこの会場を支配しているような印象を与えるのに十分な貫禄だった。

2部のスタートは最新のタイトル曲「불타오르네（FIRE)」♪だった。火薬、火柱、レーザーをふんだんに投入し、最後のコーラスではダンサーを交えたダンスまで盛り込んでまさにFIREな舞台を作り上げた。

最高潮に達した会場のムードをヒップホップ曲につないだ後、「BTS Cypher PT. 3: KILLER」♪でとどめを刺した。

ブリッジ（つなぎ）VCRが流れ、バンド演奏でしばし息を整えた後、円形のステージのあちこちから、メンバーたちが観客の目の前に登場する。

BTSオタクを量産した「뱁새」♫と、驚異的な再生回数を更新していたMVで有名な「쩔어」♫が続くと、最後までひた隠しにしていた演出アイテムであるBステージ周りの4本の柱が立ち上がる。

（当時リニューアル工事前だった）体操競技場では、会場の性格上、競技場の天井に機材を**リギング**する（引っ掛ける）ことができず、**グラウンド・サポート**方式を取るしかなかったのだが、この場合、Bステージ近くにタワーを立てると、アーティストがAステージにいる時に深刻なほどの視野妨害となってしまう。そのため、通常はアーティストがBステージにいても、ずっと後方にあるAステージからのライトを使い、多少薄暗いまま公演を続けるケースがほとんどだった。

　この短所を補完しようとしたのが、この4本の柱だ。未使用時はBステージ周辺に寝かせておき、アーティストがBステージに登場した時だけ立ち上がる10メートルの柱には、照明と電飾を取りつけて活用した。

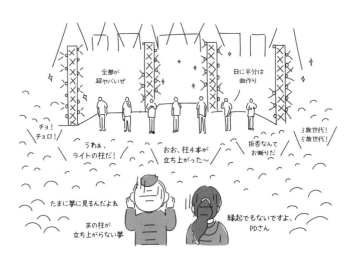

171

リギング方式とグラウンド・サポート方式

現場では様々な不確定要素（舞台デザイン、マンパワー確保、搬入口の位置とサイズ、トラックとフォークリフトのアクセス、ローリングステージの可否など）が、どのくらいの時間を消費（または浪費）するかを左右するのだが、その中でもリギングが可能かどうかは最も重要な要素となる。

例えば、同じ1万席クラスのアリーナ公演の場合、リギングが可能な公演会場ではセットアップ時間を通常1日で見積もるが、グラウンド・サポート方式を取らねばならない公演会場では少なくとも2日は見ておく必要がある。

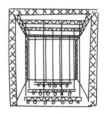

リギング
Rigging

公演会場の天井に照明、映像などの機材をぶら下げて使う方式。海外のほとんどの会場が、この方式が可能な設計となっている。天井に格子状にめぐらされた厚い鉄筋のあちこちに、チェーンをかけて機材を引っ張り上げる。相対的に短時間の設置・撤収が可能で、機材をかけられる天井鉄筋のある場所すべてが装備設置の可能なエリアとなる。

グラウンド・サポート
Ground Support

リギングが不可能な時、地面で仮設の構造物を立てて引っ張り上げる方式。今でも韓国の多くの体育館、ホール、展示館などは一定重量以上のリギングが不可能なため、この方式が広く用いられている。構造物を建てるだけで最短8時間以上(野外の大型構造物の場合は36時間)が必要となるので、相対的に設置・撤収に時間がかかる。また、柱を立てることで客席に視野制限も多くなる。

会場が大変な熱気であふれる中、ラスト・ナンバーの「No More Dream」♪で本公演の幕を下ろした。

　一瞬の静寂も許さないとばかりに鳴り止まない観客のアンコールに呼応するように、VCRでアンコールが始まった。
　前作〈花様年華 ON STAGE〉のインタビューVCRを引き継ぐこのVCRは、「華やかなグラビア撮影が終わりつつあるスタジオ」を背景に「花様年華シリーズを締めくくるメンバーの気持ち」を問い、「メンバーにとって、今この瞬間が花様年華ですか？」という質問を投げかける内容だ。

　二十歳そこそこの青年たちにする質問としては、この質問は少し酷でもある。
「人生で最も幸せな瞬間が、今だと思うか？」という質問に、「NO」と答えるには今はとても幸せだろうし、「YES」と答えるには不安もあるだろう。「ここから先は、今までほど、または今以上に幸せな瞬間はないと知っている」ということを暗に意味することになるからだ。だからこの映像は、淡々としていながらも複雑な気持ちにさせられる。

　しかし彼らの答えは、質問の核心を絶妙にかわすものだった。
「今は花様年華だが、終わらない花様年華であってほしい」と答えるメンバーもいれば、
「今は幸せではあるけれど、花様年華ではまだないと思う」と答えるメンバーもいた。

　「（インタビューは）ここで終わりにします」というぼくの声がけにメンバーたちが椅子から立ち上がった瞬間、VCRは終わる。

RM→SUGA→J-HOPEのラップリレーで始まる「Epilogue: Young Forever」♫にはこんな歌詞がある。

《「それでも幸せだよ、ぼくはこんな自分になれて／誰かを熱狂させることができて」
「熱気の残る空っぽの舞台に立った時／襲い掛かる虚しさにぼくはおびえる」
「いつまでもぼくのものではない／大きな拍手喝采が」
「永遠の観客などいなくても、ぼくは歌うよ／
今日の自分でずっといたい／永遠に少年でいたい、ぼくは」》

　この歌詞は、彼らに投げかけた究極の質問に対する答えになるはずだと考えたのだ。観客の合唱が最後のコーラスを2回歌う間、JINとJIMINの歌声はすでに涙が交じっていた。

　ラストのあいさつはそれこそ涙につぐ涙だった。
　延々と22分間にも及んだこのコメントパートで、メンバーたちは『花樣年華』シリーズのすべての活動についての感情をさらけ出し、お互いに向けて、ファンに向けて、周囲の人々に向けての感謝を口にした。

　大トリを飾った曲は『花樣年華』シリーズの幕開けとなった「I NEED U」♫だった。アコースティック調にアレンジされ、コーラス部分を観客の合唱で歌った後に主旋律が始まり、バンドが後奏をリフレインする間、メンバーたちは張り出しステージを縦横無尽に駆け回った。

EPILOGUE YOUNG FOREVER
HITMAN BANG, J HOPE, RAP MONSTER, SLOW RABBIT, SUGA

SUGAは公演に訪れた両親が座っている席の前まで行き、クンジョル[*1]を捧げるとそのまましばらく立ち上がることができないでいた。

　メンバーたちが退場し、これで公演がすべて終わったかのようなムードの中、最後のエンディングVCRが始まる。

　実はこのVCRのテーマがなかなか決められず、とても苦しんだ。このVCRが、〈花様年華 ON STAGE〉シリーズの幕を閉じるストーリーにならないといけないからだった。

　"花様年華のエピローグ"とはすなわち、"人生で最も美しい瞬間が過ぎ去った、次の瞬間"だ。

　最高の瞬間——、例えば高い山の頂上を目指して長い間鍛錬を積み、それでもなお、苦しい山道を登り続けなければならなかった人が、その頂上に立った瞬間、一体どんなことを考えるのだろう。ぼくならどうだろう。

　だからVCRの撮影中、ぼくは、「（インタビューは）ここで終わりにします」と言った後、インタビューの椅子から立ち上がるメンバーたちに尋ねた。

「ところで、○○君、今のこの美しい瞬間が終わった先には何があると思う？」

　この時もらった7人それぞれの率直な答えは、ツアー14公演の間エンディングVCRとなり、公平に1公演に1回ずつ、順に上映されて公演を締めくくった。

＊1　クンジョル。「큰절」。両親など目上の人に対して行う最も丁寧で正式なお辞儀。ひざまずいてお辞儀をする。

"
「下り道を歩くことになったら、
　別の上り坂を探すか、下ってきた道を再び上ると思います」

"
「花様年華に至るまでの間に後悔した部分をもっと頑張って、
　もう一度新たな花様年華を目指します」

"
「淡々と受け入れながら下っていくのもかっこいいと思います。
　また別のかっこいいことをやりたいです」

"
「普段から学びたいことが多くあったので、絵、ダンス、歌、楽
　器も習いたいし、地味だけど感謝しながら過ごすと思います」

"
「不確実な未来に対する恐れが強いです。
　でも再び多くの試練と苦しみが訪れても、ぼくとぼくらメンバー
　は、また乗り越えて別の花様年華を見つけると思います」

"
「本当に下らなければならない瞬間が来たら、
　自分が心から好きなことをしながら、違う幸せを探すでしょう」

"
「花が二輪あれば、二輪とも美しいはずであり片方だけが美しい
　と言えないのと同じように、
　また別の花様年華の新しい魅力を探すと思います」

7人7様の、似ているようでも、違っているようでもある答え。素朴であり、大胆でもある彼らの答えを聞くことで、ぼくを含む会場のすべての人たちに考えてみてほしかったのだ。

　すでに経験したか、またはこれから経験するであろう厳しい上り坂がもたらす人生の苦しみと、いつかは向かい合うであろう下り坂との出逢いについてを――。

公演数日後

注意：飲酒中のSNSは思わぬ恥の原因。

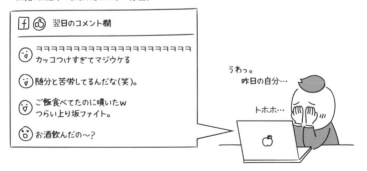

3rd MUSTER［ARMY.ZIP＋］: 20161112-20161113

　2016年、PLAN Aは防弾少年団と様々なプロジェクトをともに
した。

　1月には中国・広州でのイベントとソウルでの公式ファンミー
ティング〈2nd MUSTER〉、5月から8月までは〈花様年華 ON
STAGE: EPILOGUE〉ソウル公演を皮切りに、アジア10都市14
公演のツアーがあり、その間、6月にはソウルでデビュー記念パー
ティー（オンライン生配信）、8月には東京で〈a-nation〉出演のサ
ポート、そして11月——。9日からの日本でのファンミーティング・
ツアー（4都市8公演）が始まってすぐの12日と13日の両日、ソウ
ルで〈3rd MUSTER〉が催行された。

　この11月のソウルファンミーティングの会場には、なんとあの
（！）高尺スカイドームを押さえるというマネージメント会社の
チャレンジングな決断があった。5月にオリンピック体操競技場2
公演を即完売させたとはいえ、高尺ドームは体操競技場の2倍近
いキャパシティの会場だからだ。（もちろん、10月に発売したアル
バム『WINGS』が超大ヒットを記録したが、11月のファンミーティ
ングのチケット販売が始まるのはアルバム発売よりもずっと前
だった）

それだけに、韓国内でも高尺ドームで単独公演が可能なグループなど数えるほどしかない。したがって、演出を練って各プロダクションをまとめるのにも未知の点が多く、PLAN Aにとっても大きな挑戦となったファンミーティングだった。(しかしそれ以降の約1年間、防弾少年団は高尺ドームで4種類9公演を開催しており、これは高尺ドームオープン以来の記録で、今も塗り替えられていない)

　コンサートのコンセプトを決定する作業が、"アーティストのコンテンツをベースにした再解釈と再創造"であるならば、ファンミーティングのコンセプト作業は"ファンのニーズに応え、好みを刺激するためにファン目線に立って考えること"を最優先するべきだ。
　ぼくらはファンクラブのコミュニティ、ブログ、SNS、YouTubeなど、ファンたちの反応が見られるすべてのチャンネルをくまなくリサーチし、アーティストのどんな行動にファンがどんな反応を見せるのか、ファンたちが見たいと思うものがどんなものなのかを探しに探した。

第3期ファンミーティングの大テーマは「ARMYを理解する防弾少年団」だった。

　通常、大勢のファンが数人のアーティストに向けて星の数ほどのフィードバックを送るが、この時のファンの心情は「これを私の最愛のアーティストが見てくれるだろうか?」「推しが気付いてくれますように」といったものだ。
　そこで、第3期ファンミーティングでは"ファンの心を知るアーティスト"の姿を見せてあげようと思い立ち、そんな彼らを見せる仕掛けを、演出、舞台デザイン、ストーリー、コーナー構成など随所にちりばめた。

　この大テーマを掲げた理由は、海外活動の割合が増えていた当時の防弾少年団にとって、国内ファンと心を通わせる情緒的な交流が必要な時期であったことに加え、高尺ドームという巨大な空間では観客とアーティストの物理的距離もかなり遠くなってしまうことから(遠くに見えるアーティストのことを"綿棒""爪楊枝"などと形容するほどだ)、この情緒的、物理的なマイナス面をフォローしようという狙いもあった。

ぼくらは、すべてのファンの共感を得られる素材を探す過程で公式ファンクラブ "ARMY" 第3期の会員が受け取るメンバーシップ・キット "ARMY.ZIP" に着目し、ファンミーティングのタイトルを〈ARMY.ZIP＋〉とつけることにした。

　メンバーシップ・キット "ARMY.ZIP" の意味とコンセプトを、オフラインのファンミーティングにまで拡張しようという意図だった。

　ファンが受け取る "ARMY.ZIP" キットには、フォトカードのほか、インタビュー、メンバーが描いた絵、メンバーのカバンの中身公開などが盛り込まれたフォトブック、取扱説明書的なユーザーガイドが入っていた。

　このユーザーガイドの内容の中で、フォトカードについての説明である「眠る時にこのカードをあなたの隣に置いて寝るとぼくらが夢に登場するかも！」という文句を、発想の原点に定めることにした。

　このプロジェクトを担当したウォーリーPDを中心に、それぞれ思い思いのアイディエーションが始まった。

憑依完了？

本当に夢に
バンタンが出るように
フォトカードを枕元に
置いて寝たことある？

まだ憑依が
完璧じゃないなあ。
君、ウォーリーだろ？

どうやって開けるの？
カッター？手？

あと何が見える？
家に誰がいる？

そのおじさんは
もしやSUGA似？

ほかには…？
ほかにも言ってみて！
周りに何が見える？

えいっ！……はいっ、
アンニョンハセヨ。
私はキム・アミです

こんな幼稚なこと、誰が信じ…
あ、いえいえ。ある、あります

アンニョンハセヨ、
私はキム・アミです。
あ…ファンキットが宅配で届いた！
開けますね

大切なファンキット！
ステッカーをはがすとこから慎重に。
ドライヤーでまず乾かします

オンマ…アッパ…オッパ…
居候でニートのおじさんも…
子犬もいて…

おじさんは
寝てるのが好きです。
SUGA似だと思います！

お腹がすきました。
サンドイッチを注文して
食べてからやるのはどうですか？

やっぱウォーリーPDだね。
もういいから！
食事の後に考えよう

何なの、この人たち

*1 オンマ。「엄마」。母親の呼称。母さん。ママ。
*2 アッパ。「아빠」。父親の呼称。父さん。パパ。

会場に入場すると、舞台の上に浮かぶ大型のアドバルーンがイベント気分を盛り上げる。

　オープニングVCRは"キム・アミ"の視線で、ファンキットを宅配で受け取った瞬間から始まる。用心深くカッターで段ボールのガムテープを切り、緩衝材を取り除いた後、誇らしげな様子で両手でファンキットを取り出す。

　カバーを外し、最高難易度の封印ステッカーはがしに取りかかる。爪でそっとはがそうとしてみたり、ヘアドライヤーで温めてみたり、カッターできれいに切り取ろうとしてみたり、あらゆる手段ののちに、きれいにはがれることを期待してひと思いにはがしてみるが、結局はパッケージの紙も一緒に破れるという大惨事（！）という展開に。

　私の大事なファンキットにこんな惨事が起きるなんて……。むしゃくしゃしたキム・アミはベッドに飛び込んでブランケット・キックを繰り返す。

　ようやく気を取り直し、ファンキットを用心深く開けてみるキム・アミ。ユーザーガイドどおりにフォトカードをベッドの自分が寝る位置の隣に並べ、防弾少年団が夢に出てくることを待ちながら眠りにつく。

　やがて不思議な瞑想音楽が流れ、夢の中で聞いているかのように（ユーザーガイドにこのセリフを直筆で書いた）JUNG KOOKによるナレーション「眠る時にカードをあなたの隣において寝ると夢にぼくたちが登場します」という音声が聞こえる間、舞台には一瞬にして巨大な（高さ10メートル、幅7.5メートル）ファンキットの形をしたABRが登場して、ふわりと空中へと浮かび上がる。

1曲目は陽気な「이불킥」を歌い観客の心をメロメロにした。

わずか半年前には「ついにぼくたちが体操競技場に来たぞ！」と感激していた彼らが、この日は「ついにぼくたちが高尺ドームに来たぞ！」とあいさつした。

このファンミの中で、10分間のミニドラマ「HOUSE OF ARMY」を上映した。キム・アミ（RM）とオンマ（J-HOPE）、アッパ（JUNG KOOK）、おじさん（SUGA）、オッパ（V）、子犬のイッピ（JIMIN）、マルチマン（宅配屋さん、花、時計、バナナなど。JIN）が暮らすアミの家（HOUSE OF ARMY）を舞台に、ファンたちのあるある体験をベースにした愉快なシットコムを撮影した。（オープニングで流したVCRもこのVCRと同じ物語の流れだった）

母も娘もファンクラブに加入していて自宅に2つのファンキットが届いたというエピソードや、ハラハラしながらファンキットのステッカーをはがす話（オープニングとは別アングルで撮影）、防弾少年団のアンチだったはずのオッパが、隠れて彼らの音楽を聴いていたエピソードのほか、パスポートをなくしたRMの実話をベースにしたアッパのパスポート紛失話、SUGAが当時気に入っていた流行語「ミンユンギ・天才・チャンチャンメン・プンプン」など、ファンたちから寄せられた体験談をシットコムの設定に盛り込んだ。

ナイスなアヒルの公演用語辞典

ABR
Aero Balloon Robotの略。イベント商品のアピールやPRオブジェとしてキャラクターなどをかたどったバルーン。オランダの芸術家によるラバーダック・プロジェクトの巨大な黄色いアヒル（江南の石村湖でも展示された）がわかりやすい例だろう。素早い転換が必要なライブ公演で、空気を注入するだけの短時間で大小様々な動物や花、オブジェなどが作成可能。

アーティストを観に来た観客たちにとって、ステージ上にアーティストがいない10分間はそれは長く感じられるものだ。だからこのVCRにはことさら気合を入れなければならなかった。このVCRにはウォーリーPDが、シノプシスの初期段階から、脚本、メンバーへの演技指導、編集ディレクションまでを担った。（もちろん、最高のベテラン撮影チームと編集チームも一緒だ）

　このVCRは、公演のテーマを丸ごと盛り込んでいるのと同時に、アーティストたちの普段なかなか見ることのできない演技や面白いエピソードはもちろん、スマートでセンスある編集も光り、のちに「HOUSE OF ARMYが見たいからDVDを買う」という言葉まで出たほどの出来ばえだった。

　RMとJUNG KOOKの「알아요（アラヨ）」♬、SUGAとJIMINによる「Tony Montana」♬のステージが続いた。その次は問題のユニット曲、"防弾少年団メドレー"♬のコーナーだった。

　JIN、J-HOPE、Vが幼児風の衣装を着て登場し、「불타오르네（ブルタオルネ）（FIRE）」♬、「상남자（サンナムジャ）（Boy In Luv）」♬、「쩔어（チョロ）」♬といった代表的な"アグレッシブな"曲を童謡風にアレンジし、お遊戯のようなかわいいダンスと歌で披露したこのステージは、ファンたちの間で延々と語り継がれる狂乱の舞台となった。

続く"防弾ラン（BANGTAN RUN）"のコーナーは、破格スケールの花道をフロア内にぐるりと一周張り巡らせ、メンバーたちが行き交いながら、観客たちに最大限接近しようというものだった。だだっ広い高尺ドームでは、ともすると疎外感を抱きかねないスタンド席の観客のための措置で、横16メートル、高さ9メートルの超大型IMAGを設置したものの、すべての観客が一度はアーティストの顔を生で見られるようにしたいというのがこのコーナーの狙いだった。

　スタジアムを区切るように十字に設置し、さらにぐるりと回りに巡らせた花道まで含むステージは、その部分だけでも1000平方メートルもの舞台設備が必要で、A、Bステージなどまで合わせれば、舞台全体では2300平方メートルという桁外れの面積を設置しなければならなかった。これは国際規格のバスケットボールコート5面を埋めてもまだ余裕があるほどの面積だ。（それにもかかわらず、あまりにも高い4階席まではやはり遠かった。高尺ドームの公演では高さ対策が今後の宿題となった）

　この張り出しステージと花道は"綿棒"の心配をしていた観客からも高評価を得たが、その陰には、そもそもが野球場である高尺ドームのグラウンドや狭い搬入口、かなりの場所がフォークリフト進入不可だったなど、数々の困難を克服した苦労があってこそ実現できたことだった。（おまけに物流費、人件費など莫大な予算が飛んでいった）

さてこの広々とした張り出しステージを活用するために、次の曲「24/7＝heaven」♫には立ち乗りスクーターを投入した。アーティストはヘッドセットをつけて、ずっしりした立ち乗りスクーターに乗って花道を思いきり走り回った。

　本公演のトリを飾った曲は、アルバム『WINGS』のタイトル曲である「피 땀 눈물」♫だった。大量の火薬や新たに導入した長距離大型エアーショット^{＊1}が華やかにラストを飾った。

　アンコールVCRでは、ファンキットにあった「メンバーのカバン公開記」を応用した。メンバーたちの録音会話と字幕、絵文字だけで作ったこの "スキットVCR" では、「ARMYたちのカバンには何が入っているだろうか？」というテーマのフリートーク形式をとり、彼らは、ペンライトと予備の乾電池、モバイルバッテリー、ヘアゴム、オペラグラスなど、観客たちが実際に持ち歩いているアイテムについてのあるあるトークを繰り広げた。（この録音は「HOUSE OF ARMY」の撮影現場で、休み時間に一か所に集まって5分で録ったものだが、音響施設の整ったスタジオで録音されたものよりも部屋で実際に雑談しているような臨場感が出ていた）

　アンコールの1曲目は、アーティストがファンにおくる歌「둘! 셋! (그래도 좋은 날이 더 많기를)」♫だ。
　この曲が韓国のファンミーティングで初披露となったことが一層感慨深く、客席のあちこちからもすすり泣く声が聞こえた。
　音楽を止めて2万人の肉声が歌う歌詞に、見守っているスタッフたちもしばし目を潤ませていた。

---

^{＊1}　メタルテープや紙吹雪などを爆発音とともに打ち上げる装置。

最後のコメントの後、メンバーたちは「흥탄소년단」(フンタンソニョンダン)♬と「진격의(チンギョゲ)방탄」(バンタン)♬を歌いながら、電動キックボードや（2、3階席のファンのため）リフトに乗り込むと、客席にグッズを投げ込んだり、観客と最後のあいさつを交わし、3時間20分の盛りだくさんのファンミーティングが終了した。

思い返せば、そうだった

振り返ってみて3期ファンミーティングで何が一番大変だった？

何と言っても…バクを洗ったことですかね

あ…、"防弾ラン"の罰ゲームで使ったバクね。覚えているとも

お母さんに何も言われなかった？

車で郊外まで買いに行ったんですけど、タッチの差できれいなやつを放送局の人だかに買われてしまっていて。仕方なく汚れたやつも買うことになって、ぼくが家で洗ったんですよ。10個ほど。すごく手が痛かったです。たわしで洗ったので

そ、そうか。お母さんはさぞかし胸が痛かっただろうね。長男をKAIST[*3]にまでやったのに、いまや高校の先輩の会社でアイドル公演の仕事して家でバクの水洗いまでして…。で、お母さんは、今は君の仕事のことご存じだよね？

両親が部屋でテレビ見てる時に、目の前のベランダでバク洗いですよ

うむ…正直、うちの母もしばらくはぼくの仕事のこと、よくわかってなかったよ

うう…今は理解してくれていますが、当時は理解に苦しんだでしょうね

直接、買えるの？

次回は必ずゴム手袋を着けてね

ネット通販で探しますから

きれいなものを買えと言ってくださいよ

*2 バク。「박」。ひょうたん。ふくべ。きれいに洗って乾燥させ、ひしゃくなどにする。
*3 Korean Advanced Institute of Science and Technologyの略。韓国科学技術院、通称カイスト。韓国トップレベルの理工系国立大学。

THE WINGS TOUR: 20170218-20171210

〈花様年華 ON STAGE〉シリーズが先行し、1年ほど中断していた三部作がいよいよ大団円を迎えるべく、ぼくらは〈2017 BTS LIVE TRILOGY EPISODE Ⅲ: THE WINGS TOUR〉開催に向けた準備に追われていた。

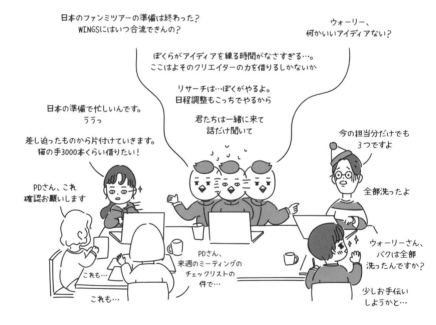

2016年初秋、大パニック時代

日本のファンミツアーの準備は終わった？
WINGSにはいつ合流できんの？

ウォーリー、
何かいいアイディアない？

ぼくらがアイディアを練る時間がなさすぎる…。
ここはよそのクリエイターの力を借りるしかないか

リサーチは…ぼくがやるよ。
日程調整もこっちでやるから

日本の準備で忙しいんです。
うう

君たちは一緒に来て
話だけ聞いて

今の担当分だけでも
3つですよ

差し迫ったものから片付けていきます。
猫の手3000本くらい借りたい！

PDさん、これ
確認お願いします

全部洗ったよ

PDさん、
来週のミーティングの
チェックリストの
件で…

これも…

これも…

ウォーリーさん、
バクは全部
洗ったんですか？

少しお手伝い
しようかと。

アルバム『WINGS』の成功とチケットセールスのパワーを糧に勢いづいた今回の〈THE WINGS TOUR〉は、これまでのどのツアーよりも多くのツアー先と公演数にもかかわらず、チケットはあっという間に完売した。

　この『WINGS』と〈THE WINGS TOUR〉は、防弾少年団の潜在能力が、もはや制御不可能なほどの大爆発を起こす寸前の"ターニングポイント的なもの"であっただけに、ファンはもちろん、メディアや業界関係者からの関心も並々ならぬものがあった。

　そこでぼくらは、単に大がかりなツアーにとどまらない"偉大なるツアー"を目指し、これまでのやり方にこだわらず、多様なクリエイターやプロダクションと手を組むことにした。

　韓国国内では、インスタレーションや彫刻を手がけているヒップなアーティストや演劇界の若きスター演出家、コンサート映像制作で指折りのVJチームなどに片っ端からアタックしたし、日本に渡っては（日本のコンサート市場は韓国よりずっと巨大だ）、東京ドームに我が家のように出入りしているという舞台デザイナーや、アジアで唯一ライセンスを持っているというキネティックのチームにも会った。

　そうした数カ月間に及んだ、直接的・間接的な出会いがすべて実を結んだわけではないが、彼らとのコミュニケーションはPLAN Aのアイディエーションに刺激を与え、実際に、日本のキネティックチームの人材や機材は韓国公演で生かされることとなった。

欲張りなまでにストックした演出材料を舞台に生かしつつ、アルバム『WINGS』に収録された7曲のソロ曲（コンサートでソロステージを行うのはこの公演が初めてだった）のほか、バラエティに富んだ候補曲から公演のセットリストを組み立てた。もはや防弾少年団のセットリストは、一瞬たりとも聞き逃せないほどの完成度であり、まるで1番打者から9番打者まで全員が超強力打線という、MLB優勝チームの最強ラインナップのごとき様相だった。

　やがてセットリストがキューシートに、裏紙に描いたスケッチがデザインに進化して、公演の準備は加速度を増していった。

　巨大で偉大な公演を作るためのぼくらの努力は、まずはプリプロダクションという予選ステージに上がった。公演の2週間前、ソウルの禾谷洞にあるKBSアリーナと第二体育館（どちらもバスケットボールコートサイズのフロアがある）を7日間借り切ってプリプロダクションを行った。KBSアリーナにはAステージ、第二体育館にはBステージというふうに、舞台装置を2カ所に分けて設置したのだ。
　このプリプロダクションは、アーティストが合流した初のプリプロダクションだった。おかげで、演出、動線、転換、衣装、音楽、舞台美術など、あらゆる方面でツメの甘かった部分を事前に把握でき、補完したり差し替えたりする機会となった。
　初めて一緒に働く日本のキネティックチームとも、実際に仕込んだ機材を確認し、デザインやキューのポイントをともに考えるよい時間になった。

今回のステージにおける最重要アイテムといえば、左右に動く巨大なIMAGだ。第3期ファンミーティングで手応えのあった横16メートル、高さ9メートルのIMAGを、今回は両開きで作成し、左右のIMAGをぴったり閉じると横32メートルの超大型スクリーンとして使うことができるというものだ。スタジアムという巨大な空間を大きく転換したいという意図もあった。

　2番目に重要なのは7台の大型リフトだ。この7台のリフトは上下に動き、その高低差でV字、A字、横一文字などに姿を変える。特にVの形は翼を表現したオープニングシーンに採用した。リフトの前面には折り畳めるLEDを設置し、リフトが昇降する間は、客席からはリフト自体ではなく映像の柱が動いて見えるようにした。

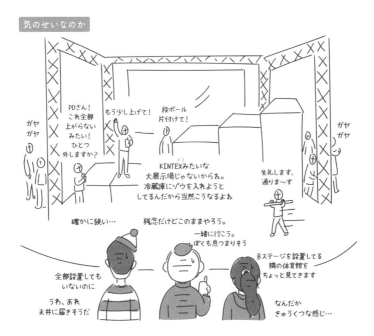

＊1　KINTEX。韓国の京畿道（キョンギド）一山（イルサン）にあるアジア屈指の大展示場。

3番目の重要アイテム、キネティックをBステージの天井にリギング（！）した。このキネティックは一辺1.8メートルの光る正三角形36個が、108個のモーターによって自由自在に動くというもので、割れた卵の殻、翼、波などに形状を変えることで、様々なシーンを作り出す。

4番目は高尺ドームの3、4階席の観客をカバーする秘密兵器、高尺ドームの天井から降下する熱気球(のような形の) 装置だ。3期ファンミーティングでの教訓を踏まえた結果でもある。

それ以外にもリフト6台、ターンテーブル1台、ハッチ1台、フロアLED、2台のトップカメラを含む14台の現場中継カメラ、張り出しステージのふちやすき間を埋める放射型電飾など、全パートにわたって、まんべんなく相当な物量を投入し、この物量を動かすための発電容量は2000キロワットにも及んだ。

ついにオープニングVCRで公演がスタートした。

青空を飛んでいる目線からの映像、はく製になった翼、バラバラに置かれた学校机、赤い銃弾、ビデオカメラ、燃えるピアノ、チョコレートバー、電話ボックス、病院のベッド、トラック、リンゴなど、三部作の集大成らしく、これまでのコンサートVCRやトレーラー、MVなどで活用されてきたアイテムをこれでもかと登場させ、メンバーの映像とともに見せた。

画面が白い卵の殻の映像に変わり、少しずつ殻が剥がれ落ちると、会場の中央に吊られていたキネティックが形を変え、絵を作り出す。

映画『パイレーツ・オブ・カリビアン』に登場するようなものものしい音楽が流れる中、Bステージの頭上で半球の殻の形態をしていたキネティックが、ひとかけらずつ空へ飛んでいくと、やがて一斉にバラバラに飛び散る。空中に散らばった三角形の欠片は、いつしか翼の形態に集まって光を放つ。

その翼が頭上高く浮かび上がると、メインステージの巨大なIMAGが開き、V字の形状で高低差のついた7台のリフトに乗ったアーティストが登場する。

1曲目「Not Today」♬のイントロが始まると、リフトはゆっくりと降下する。

舞台が割れんばかりのエネルギッシュなダンスとともに「Not Today」♬を終えると、メンバーそろって最初のあいさつをする。「さあ皆さん、飛び立つ準備はいいですか?」というRMのMCの後、「Am I Wrong」♬、「뱁새」♬、「쩔어」♬が続いた。

　マンネ*¹JUNG KOOKの「Begin」♬が流れると、ソロステージの始まりだ。

　舞台では白いスモークが静かに立ち込め、観客に背を向けたまま登場したJUNG KOOKは、物悲しい導入部の歌詞を歌いながら、ターンテーブルの上でゆっくり一周する。やがて華やかなダンスとともにコーラスが入ると、アーティストの背後に照明がびっしり並んだセットが登場、純白の光で彼のスタート(Begin)を祝福する。

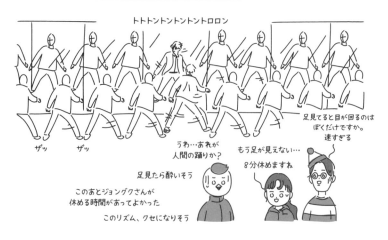

こんなダンスは前代未聞。彼は人間か、ダンスの神か

トトトントントントントロロン

足見てると目が回るのはぼくだけですか。速すぎる

ザッ　　ザッ

うわ…あれが人間の踊りか?

もう足が見えない…

8分休めますね

足見たら酔いそう

このあとジョングクさんが休める時間があってよかった

このリズム、クセになりそう

＊1　マンネ。「막내」。末っ子の意味で、兄弟に限らず、グループや集団で最年少の人のこと。

JIMINの「Lie」♪はゲリラ的にBステージで始まった。退廃的な美しさがあるこの曲に合わせて深い赤とパープル系の照明と映像を構成し、JIMINは目隠しのアイテムを選んだ。

頭上で照明と色を合わせながら光を放っていたキネティックは、ダンサーたちがJIMINを持ち上げた瞬間、それと呼応するようにゆっくりと高度を下げ、最後のサビが流れるとJIMINの背後まで下りきり、強烈なエンディングを演出した。

プリプロダクションにて——ぼくなりの（？）演技指導

監督さん、あの、エンディングのポーズまで後奏がちょっと長いんですが…どうしたらいいですか？

この区間はね、簡単に言って「酔っ払ってふらつく」演技をすればOKです。「この苦痛から離れられない」って感じで演じながら歩けばいいと考えてみて。すごくカッコいいと思うよ

酔っ払いみたいに…？

はあ、歌詞を丸ごと噛みしめてみます

酔っ払った経験ないってことはないでしょ？

この装置は本当にカッコいいんですけど…

JIMINさんもカッコいいよ

SUGAの「First Love」♪は、彼が幼い頃に弾いていた"茶色い"ピアノとSUGAが対話するような歌だが、その歌詞の流れにそってSUGAの動線も整理した。

ピアノとともに登場したSUGAは、やがて（歌詞のように）ピアノを離れ、舞台の手前に向かって歩き出す。SUGAとピアノの間には左右30メートルにもなる炎の道とスモークが立ち込め、SUGAとピアノを引き離す。

ラップが終わる頃、SUGAは特殊効果による疑似炎の中に入り（これも歌詞のように）ピアノの前に立つ。意味深な表情を浮かべたSUGAは、茶色いピアノとともにリフトで退場する。

ツアーを重ねるたびに成長する表情の演技

*1 エンディング妖精。「엔딩요정（エンディンヨジョン）」。歌番組などでパフォーマンスの最後（エンディング）を飾るメンバーのことを呼ぶ韓国の造語。

「Save ME」♬、「I NEED U」♬に続くVCRは、水の中を思わせる場所で、RMが巨大なクジラと邂逅（かいこう）するシーンで終わる。

RMの「Reflection」♬は、このシーンを引き継ぐ。

頭上のキネティックは波の形を模して波動を繰り返し、舞台上にも青い照明が降り注ぐ。下手側に立つアーティストは淡々とリリックを吐き出しながら、7台のリフトが作る階段でメインLEDを背景に見立て、上手側に上っていく。6番リフトに立ち、アーティストは(映像の中の)巨大クジラと向かい合う。

「I wish I could love myself」という意味深な歌詞で歌が終わると、最後の7番リフト上にある電話ボックスの電話が鳴り、コツコツという足音に合わせてアーティストがボックスに入り、受話器を手に取る。

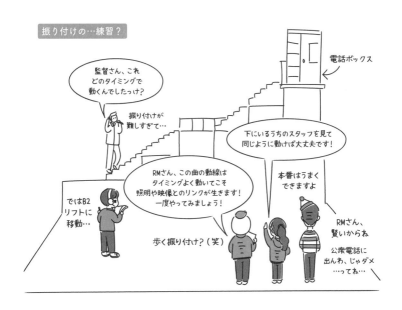

振り付けの…練習？

電話ボックス

監督さん、これどのタイミングで動くんでしたっけ？

振り付けが難しすぎて…

下にいるうちのスタッフを見て同じように動けば大丈夫です！

RMさん、この曲の動線はタイミングよく動いてこそ照明や映像とのリンクが生きます！一度やってみましょう！

本番はうまくできますよ

ではB2リフトに移動…

歩く振り付け？（笑）

RMさん、賢いからね

公衆電話に出んわ、じゃダメ…ってね…

RMが電話ボックスに入って姿を消すと、そこからマジックのようにVが現れて「Stigma」♬の前奏とともにボックスから歩み出てくる。これはアルバム『WINGS』のショートフィルム（短いティーザー、またはビデオ）のストーリーからヒントを得た動線だった。（実はこの動線のために、Vは「Reflection」♬の間中、電話ボックスの中で待機しなければならず、入れ替わるRMも歌い終わってから2分間はその場で待機する必要があった）

寂寥感（せきりょうかん）たっぷりに歌いながら階段を3段下りたVが、中央の4番リフトで最初のコーラスまで終えると、7台のリフトすべてが一斉に降下する。

Vがステージ手前まで歩いて出てきて熱唱すると、真っ赤なレーザー光線とハロゲンランプが彼の背後からまばゆい光を放つ。

ブリッジVCRが流れる間、巨大なIMAGがゆっくりと閉じる。一枚になった大型LEDを背景に、J-HOPEがBステージに登場する。歌手になると言った10年前から、自分のことをずっと見守ってくれた母親へ捧げる歌「MAMA」♬は、軽快なリズムの賛歌だ。いつの間にかJ-HOPEはメインステージの壮大なLEDの壁の前にひとりで立っている。伴奏が途切れた無音のだだっ広い会場で、彼はマイクに向かい真実を歌い綴る。

　……そして、低い声で「I Love Mom」とつぶやくと、背後の巨大なIMAGの壁が左右に開く。

　その奥には、ゴスペルが鳴り響く聖堂を想起させるステンドグラスが見え、60人を超える合唱団が明るいコーラスとともにスイングする。彼らと2万人の観客の肉声コーラスの後、このダイナミックな賛歌は締めくくられた。

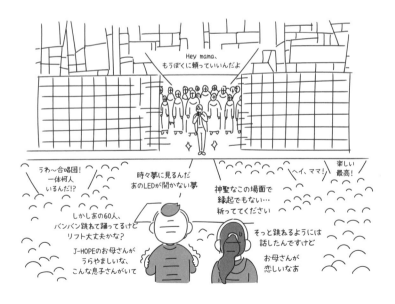

ソロコーナーのアンカー、JINの「Awake」♫が始まった。

7台のリフトは、それまでは雄大な翼の形（オープニング）や、"省察"を象徴する階段（「Reflection」♫）の形態で使われたが、正統派バラードの「Awake」♫では、スケール感、存在感にソフトさまでを加味した演出で、ソロステージの有終の美を飾った。

暗がりの中、リフトに乗った6人の弦楽団が六重奏を奏で、センターの4番リフトでJINが登場する。楽団とJINを乗せたリフトは音楽に合わせて、V字、A字、横一文字の形に高低自在に動き、同時にメインLEDとリフト正面のLEDには美しい花びらの映像が舞った。

最後のコーラスでリフトのAの頂点に立ったJINの背後で巨大な翼が開く映像を最後に、ソロステージは締めくくられた。

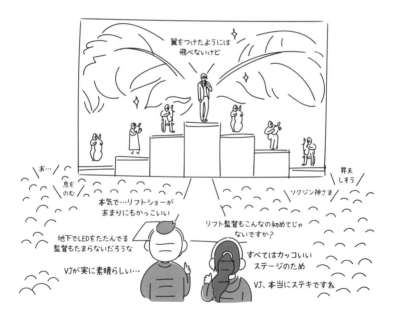

公演は引き続きテンションを上げながら進んでいく。

「BTS Cypher 4」♬、「불타오르네（FIRE）」♬に続いて、「N.O」♬、「No More Dream」♬、「상남자（Boy In Luv）」♬、「Danger」♬、「RUN」♬、「호르몬 전쟁」♬、「21 세기 소녀」♬まで全力で駆け抜けた後、しばし、最後のトークコーナーを設けた。

　最後のトークの間、ひとり外れて息を整えていたJ-HOPEはトーク後にほかのメンバーたちが退場すると、暗がりの中でリフトに乗って舞台の上に登場した。

　赤いレーザーを背景に、体が砕け散りそうなほどの80秒間の激しいソロダンス、「Intro: Boy Meets Evil」♬を披露した。

そして本公演のラスト・ナンバーとなる「피 땀 눈물」♬が続く。

　アンコールの1曲目は「Interlude: Wings」♬だ。

　雲の形のセットをつけた2台の1トントラックにそれぞれ乗り込んだメンバーたちは、舞台の両サイドから登場して会場をぐるりと大きくひと回りし、観客たちと触れ合った。

　続く「둘! 셋! (그래도 좋은 날이 더 많기를)」♬では、メンバーの背後にある7台のリフトが上昇し、彼らのデビュー当時の姿がLEDにおぼろげに写し出された。観客のアカペラによる「둘! 셋!」♬の大合唱は、第3期ファンミーティングに続いて大きな感動を呼んだ。

大トリとなった「봄날^{ポムナル}」♬が終わると、10分を超える長い後奏が流れ、会場には最後まで密かに隠しておいた気球が設置された。

2人、3人、2人に分かれて3台の気球に乗り込んだメンバーたちは4階席の観客の目の前まで浮かび上がり、ひとしきり手を振った。

気球から降りてAステージに戻り、メンバーが最後まで手を振り続ける中、IMAGがゆっくりと閉まり、公演が終わった。

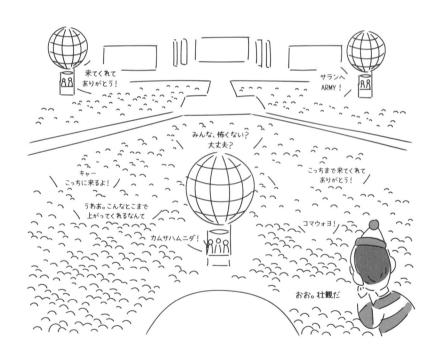

だがしかし不幸にも、よもやよもや公演最終日の最後の瞬間に、思いがけない失敗に見舞われた。

　この公演の最後から2つ目のキューサインである「IMAGクローズ、2、1、ゴー！」を叫び、"これで本当にひとつ目の山場を越えたな"と安心して、最後のキュー「エンディングクレジット、2、1、ゴー！」の準備をしていたその時、それぞれ16メートル内側に動かさなければならない2台のIMAGのうち、下手側のIMAGが4メートル進んだところでびくともしなくなったのだ。
　慌ててもう一度試してみたがダメだった。
　後奏はすでに残り1分を切っている状況——。忘れた頃にやってくる演出家の孤独は、その年も律義に忘れずやってきた。

　ぼくは深く息を吸い込むと、「そのまま両側とも全部開き切って終わります」とインカムで伝え、メンバーたちにはイヤモニで、「IMAGが閉まりません、上手側から退場してください」と伝えた後、エンディングクレジットを出して深いため息をついた。

孤独やってる時間などない

207

ソウル公演の終了後2週間は、ソウル公演での長所・短所を分析したり、南米・北米に向けて最終のテクニカルライダー[*1]を送ったり、日本へ日帰り出張に行ったりしながら過ごした。そして、荷造りをした。

3月7日、仁川（インチョン）を離陸しニューヨークで乗り継いで、チリのサンティアゴに到着するという地球の裏側まで長時間のフライトの末、アメリカ大陸ツアーが始まった。

14人の演出・プロダクションスタッフのみという少数精鋭かつ韓国からの国際貨物もなし、現地の機材だけで進行するというツアーは予想どおりアクシデントの連続だったが、それでも14人が一致団結して乗り越え、戦友のような気持ちが芽生えた期間だった。

シカゴ会場の韓国スタッフ食堂

真実はムクの彼方に

ムクを全部食べたの誰ですか？[*2]
誰がムクたくさん取った？
ムクムチムに野菜しか残ってないんだけど!?

ぼくムク大好きなのに、
薄情なやつらめ！

なんてことを

ムク早期完売事件について、
真実と和解のための
トラブル整理委員会を招集します。
なお、今後ムクは
ひとり2切れまでとします

A：クォンチーム長がさっきムク
ご飯作って食べてましたよ。

B：私じゃありません、ムクご飯
食べたことありません。
A、お前何言ってんだ？

A：真実を明らかにすべきです！

*1 p.268参照。
*2 ムク。「묵」。ソバやドングリ、緑豆などのでんぷんを固めて作った韓国の伝統食品。"ムクムチム"は、ムクと野菜の和え物。

続くアジア〜オーストラリア公演は、プロダクションスタッフを25人に増員し、主要機材は韓国から国際貨物で空輸したため、実にスムーズだった。（もちろん韓国の機材がシドニーの厳格な電気テストを通過することには難儀した。とにかく、そのおかげで次回のツアー機材をまとめる際の大きな教訓となった）

　その後5月から始まった日本でのアリーナ13公演という、チケット完売の嵐だった怒涛のツアーは札幌公演で一段落し、7月初旬から9月末まで、しばしの休息期に入った。

　その間、9月にアルバム『LOVE YOURSELF 承 ‘HER’』が発売され、このアルバムから「DNA」♬、「고민보다 Go」♬が下半期のキューシートに追加された。

　そして10月、日本5大ドームのうちのひとつである京セラドーム大阪に足を踏み入れた。高尺ドーム（2万席）を除くと、これまでは1万席前後のアリーナを回ってきただけに、3万席をゆうに超える日本のドームに入ったという事実には、ツアーチーム全員が武者震いした。

　京セラドームに続いて、ツアーは台北とマカオを巡った。そしてツアーのフィナーレを飾る〈THE WINGS TOUR: THE FINAL〉は、12月のソウル・高尺ドーム3公演で確定した。

大阪では、日本のドームツアーのシンボル的アイテムである移動式の気球（バルーン）を導入した。（全天候型のドーム球場が多い日本で、日本のアーティストたちがドーム公演の際にしばしば取り入れている）

本物の熱気球ではなく、直径8メートルの風船にヘリウムガスを充満させ、1〜2人の人員を乗せた後、風船につないだ長いロープを地上のスタッフが握ってゆっくり動かすというものだ。

211

（ぼくが知る限りでは）世界唯一の "ステージ演出バルーン" を保有するこの会社に交渉して、12月のソウルファイナル公演に参加してもらった。以前高尺ドームで感じた3、4階席の観客たちの疎外感を、時間、費用、技術の許す限り、効果的に解決できる方法に違いなかった。

その決定自体はとても妥当で合理的だった。しかし、この案を実現するためには、初めてぶつかる難題をいくつもクリアしていく必要に見舞われた。

特に膨大な量のヘリウムガスを韓国で準備するために、産業用ヘリウム輸入会社の社長に会って説明することになり、おまけに国際ヘリウムガス市場はアメリカとカタールが牛耳っていて、相場の乱高下が大きいという事実も知ることとなった。

さらにこの気球を待機中に停泊（？）させておくための、トン単位の砂とそれを入れる砂袋も購入する羽目になった。

膨張係数って
…何…?

ヘリウムの社長さん、
メールくれたんだ

規格バルブ22mm

頭痛い。まさかぼくが
ヘリウムを買うなんて

1008m³…?
ボンベ…ボンベって?

2017年12月のファイナル公演は、狭義では〈EPISODEⅢ: THE WINGS TOUR〉のアンコール公演であり、広義では〈THE RED BULLET〉で始まった三部作の最終章であり、もっと広い意味では、三部作と〈花樣年華 ON STAGE〉シリーズすべてをまとめる長い長い物語のピリオドだった。

　そんな意味を生かそうとして、ファイナル公演はまさに"詰め合わせギフトセット"になった。

　まずはそれまでのヒット曲である「We are bulletproof PT. 1 ＋ PT. 2」♬、「힙합성애자」♬などを追加してセットリストを構成した。

　次に、様々な演出とプロダクションを注ぎ込んだ。既存の主要アイテムは守りつつ、会場のあちこちに新たなアイテムを追加した。Bステージにターンテーブルと5台の大型リフトを追加し、空中には（キネティックの代わりに）アルバム『WINGS』のロゴを形象化した26メートルの大型セットをリギングした。日本の気球チームも呼び、2月に苦い思いをさせられたIMAGの開閉スライディングも構造的に強化した。

　あれこれと盛りだくさんとなったプロダクションのおかげで、移動電源車の容量は2500キロワットまで上昇した。

この〈THE FINAL〉で、個人的に最も印象的だったシーンは、アンコールの「길(キル)」♬と「Born Singer」♬だ。

2014年〈EPISODE Ⅱ: THE RED BULLET〉で披露した「길」♬と2015年〈EPISODE Ⅰ: BTS BEGINS〉で披露した「Born Singer」♬を2017年の三部作最終章に合わせて再解釈したステージだった。

「길」♬が始まると、Bステージのリフトがメンバーを"頂上"に押し上げる。リフトの4面に設置したLEDには、これまでMVに登場してきた主要アイテム（「No More Dream」♬のスクールバスなど）が淡い水彩画となって流れる。IMAGには2014年の「길」♬を歌うメンバーの顔が同時に映し出され、"始まり"に立っていた彼らと"頂上"に立っている彼らを同時に見せる。

「길」♬で会場の全員がどっぷりと思い出に浸ったムードは、"公式涙スイッチ"である「Born Singer」♬が受け継いだ。

〈BTS BEGINS〉の時のように、少年たちはターンテーブルの上に輪になって集まったが、当時とは方向が完全に違っていた。当時は内側を向いて立っていて、最後のコーラスでくるりと半回転して観客にマイクを向けたが、今回は最初から堂々と観客のほうを見つめて、熱く歌い上げた。特にRMは原曲で"20歳"と歌っている部分を"25歳"に変え、ドクドクと脈打つ心臓まで吐き出してしまいそうなほどの強烈なラップを聞かせ、思わずぼくも圧倒されてしまったほどだった。

最後のコーラスに入りようやくメンバー同士が向かい合って立つ。この三部作の公演を進める間、ずっと前だけを見て走ってきたメンバーたちが、最後の瞬間に、自分自身と、一緒に走ってきたメンバーを見つめる姿を演出したのだ。

長い三部作の最後の瞬間の感情は、彼ら一人ひとりにとって格別だった。次々と言葉があふれ出す最後の感想パートでは、J-HOPEとVがMC中にこらえきれず涙を流し、それを見守っていたJUNG KOOKも最初からすでにむせび泣き、いつもポーカーフェイスだったSUGAも涙を流してうつむいていた。

　「봄날」♬を歌い上げ、しばし舞台裏にはけたメンバーは、続く「Wings」♬の軽快なリズムとともに、4機の気球に乗って現れ、高尺ドームを大きく一周した。そして最後にきっちり閉じた（！）IMAGの後ろに退場した。

〈2017 BTS LIVE TRILOGY EPISODEⅢ: THE WINGS TOUR〉
というタイトルの長さが象徴するほどに長い時間だった2017年2
月から12月まで。

　全世界のアリーナやドームを巡る、延べ21都市40公演にも及ん
だツアーはこうして幕を下ろした。

　最後のエンディングクレジットが流れる瞬間、ぼくの30代最後
の宿題が終わったような気分だった。

じゃあ次のゲームを始めようか
2017年12月高尺ドームのスカイボックス席

4th MUSTER［Happy Ever After］
: 20180113-20180424

　2017年12月、〈THE WINGS TOUR〉が幕を下ろしたとはいえ、
BTS とPLAN Aの仕事は休む間もなく続いた。

　翌2018年の1月から高尺ドームでのファンミーティング、4月に
は日本でのファンミーティング・ツアー、5月には「Billboard
Music Awards」、6月にはデビュー5周年記念公演、そして8月に
は新しいツアーと、大きな予定が目白押しだった。

　〈4th MUSTER〉のためのアイディエーションは、〈THE WINGS
TOUR〉真っ盛りだった17年の夏にすでに始まっていた。前回の
ファンミーティング〈3rd MUSTER［ARMY.ZIP＋］〉の大成功が
思いのほかプレッシャーとなったのか、今回のコンセプト作業は
しばらく方向性をつかむことができずに難航した。

「BTSとARMYの記憶と追憶は永遠に積み重なる」という大きなテーマは決めたものの、全体のコンセプトと素材を決めるための"フラッシュアイディア"だけが蓄積されていった。

PLAN Aのメンバーが集まってアイディアの応酬を繰り広げては笑い転げるという、この"フラッシュアイディア大会"の時間は間違いなくPLAN Aの最大の長所でもある。だが、たくさんのアイディアの割にこれといったものが見つからないまま流れていく時間は、ぼくらの首をじわじわと絞めていった。

やれ、クラウドサービスを運営するIT会社の社員だの、韓国の昔話『フンブとノルブ』、『お日さまとお月さま』の主人公だ、世界名作童話『ガリバー旅行記』、『ラプンツェル』の主人公だのと、ありとあらゆるバージョンの世界観を基盤としたタイトル、シノプシス、トーク、ゲームの構成案をどんどん開発しては、マネージメント会社との長時間に及ぶミーティングを重ねた。2カ月を超える長いコンセプト作業を経て、秋口に入ってようやく、タイトルと全体のシノプシスが確定した。

〈BTS 4th MUSTER［Happy Ever After］〉と題したタイトルは、「そして彼らはずっと幸せに暮らしました」という、世界各国の童話の最後を締めくくる決まり文句から持ってきた。「BTSとARMYもずっと幸せでいよう」という童話的なメッセージを込めたのだ。

この童話が繰り広げられる世界観のヒントになったのは、ARMYたちの象徴的な応援アイテムである"アーミーボム（ARMY BOMB）"だった。

「アーミーボムの中にはBTSという7人の妖精がすんでいる。この妖精たちはBTSとARMYが織りなすすべての記憶と思い出を、"記憶の雲"にして瓶の中にかわいらしくしまい込み、きちんと保存してくれる役割を果たしている」という世界観を描き、これを現実化するためのVCRとシノプシス、舞台デザイン、全体の構成案、選曲、編曲、プロダクション物量、ならびに予算管理を始めた。この過程には、それまで経験した3回の高尺ドーム公演が大きく役立ったのは言うまでもない。

"アーミーボムの中にBTSの妖精がすんでいる"という世界観を具現化するために、舞台デザインは巨大なアーミーボムの形に作り上げた。

　Aステージには幅100メートル、高さ27メートルの半球を立て（爆弾の信管のデザインももちろん忘れていない）、150メートルにもなる外周を電飾が縁取った。そしてその中に、幅30メートル、高さ20メートルの舞台を設置した。舞台の中には幅24メートル、高さ10メートルの巨大なLEDを立て、ピンク色でかわいらしくまとめた。

　LEDの下には36本のガラス（に見立てた保存容器。ご想像どおり、梅酒や果実酒などを作る時に使うプラスチックの瓶だ）に"記憶の雲"（実際は綿と綿菓子）を入れて見栄えよく並べた。IMAGは高尺ドームの観客の満足度を考慮して、幅16メートル、高さ9メートルの大きさを死守した。

　一辺が約15メートルの正方形のBステージの下部には、出ハケのためのリフト4台と脱着式（普段は舞台として使い、切り離して使える方式）のトロッコ4台を投入した。

　Bステージの中央にはリフトとターンテーブルを設置し（回転しながらアップダウンが可能だ）、その上部に直径9メートルのアーミーボム型ABRをかぶせた。このABRは実際のアーミーボムの形をそっくり立体化した。

一方で、世界観を伝える最も強力なアイテムであるVCR（観覧の注意事項からオープニング、ブリッジ、アンコール、エンディングクレジットまで）にはかなりの力を注ぎ、それによる**共通経費の予算**も十分余裕を持たせて編成した。（VCRにかけた予算は一般的な小ホール規模ライブのそれよりも断然多かった）

撮影は11月の初めに2日間かけて行われた。（VCRに登場した記憶の雲を入れたガラス瓶の容量は、くしくもBTSのデビュー日である6月13日と同じ数字である613mLだった）

果てしない編集、修正、誤字脱字のチェック、マネージメント会社のリスクチェックなどが繰り返されてすべての作業が終わったのは、ソウル公演初日まであとわずかという1月の初めだった。

小劇場から
スタジアムツアーまで

いろんな制作予算を
組みましたよ

予算
マシーン

Excelは
トモダチ

ナイスなアヒルの公演用語辞典

共通経費の予算

一都市だけで行う単発的な公演でなく、ツアーとして何本も公演が続く場合は"共通経費"の予算を策定しなければならない。各都市で使用する制作物、例えば、VCR、衣装、ポスター、VJなどにかかる経費のことだ。この場合の共通経費は、各ツアー都市の予算からn分の1（あるいは各都市の有効座席数、有料販売座席数などを考慮）で計上する。
〈4th MUSTER〉のVCR製作費の場合、ソウル2回と日本ツアー6回分で負担した。

予算の法則

・法則その1：早く組んでくれという人が多い。
・法則その2：組むごとに上がっていく。
・法則その3：余裕を持って組んでも結局足りなくなる。

プリセット（観客を入れる前にすべての準備が終わっている状態）により、観客が入場すると同時に、この"アーミーボムの世界観"に入り込めるように意図した。

　Bステージの巨大なアーミーボムABRは一定時間で色を変化させ、Aステージの縁取りと信管には電飾がチカチカ輝き、メインLEDには"記憶の雲"の瓶が陳列された様子が映し出されている。

　アーミーボムをクローズアップした状態で、JINのナレーション「ARMY！　こっち、こっち！　そう、今、手に持っているアーミーボムだよ！」から始まるオープニングVCRは、この公演の世界観についての説明だ。観客はアーミーボムの中から聞こえてくるようなこのナレーションに導かれ、7人の妖精たちが作る世界観に入り込んでいく。

　BTSとARMYがともに重ねてきた思い出のシーンを見ると、記憶のエッセンスが残る。このエッセンスを……、RM（レシピ・メッセンジャー）がマシーンに入れると、"記憶の雲"を作るレシピが出力される。このレシピどおりにJ-HOPE（調合師）が、笑い、感動などの原料を選んできれいに挽いて、V（シェフ）に渡すと、Vが原料を機械に投入して綿菓子形の雲を作る。JIN（テイスター）はこの雲を試食する。（JINが"記憶の雲"を口に運ぶと記憶の中のシーンが次々に浮かぶ）

　JINの試食を通過した記憶の雲を、JUNG KOOK（デコレーター）はかわいいガラス瓶に入れてリボンを飾る。SUGA（ラベリング係）はかわいい瓶にラベルを張り、JIMIN（キュレーター）がこの瓶を"記憶の雲"が並べられた棚に陳列する役割をする――。

　「ここに入れる今日の記憶、一緒に作ってみようか」というナレーションでオープニングVCRが終わる。

続いて1曲目の「24/7＝heaven」♬が始まると、Bステージの大型アーミーボムABRの中に照明が灯り、妖精のようにアーミーボムの中に入ったメンバーたちの姿が回転しながら現れる。

ABRが上空に浮かび上がるとメンバーたちがアーミーボムから出てきて、花道を練り歩きながら最初のあいさつをする。続いてBステージから自然に切り離された4台のトロッコに分乗し、会場をぐるりと一周しながら遠くの席の観客にも手を振る。

「좋아요 pt. 1＋pt. 2」♬が続く間、メンバーたちは会場を回り終えてAステージに到着し、「좋아요 pt. 2」♬のダンスを披露したのち、あいさつとMCを続ける。

のっけから世界観に没入

最初のトークではメンバーたちが記憶の棚から選んできた "記憶の雲" の瓶から、"記憶の雲"（綿菓子）を取り出し、味を見て（雲の味に対するリアクションが実に見事だった）、再びその記憶を召喚してファンたちとともに懐かしみながら、裏話を語った。

次に、BTSがこれまでに着用してきた "最高の舞台衣装TOP 10" のクイズに答えながら当時の思い出を語った後、クイズの勝敗を言い訳（？）に、メンバーたちは7つの秘密のクローゼットに入る。クローゼットの中には "ファンのツボを完全についたキーアイテム" としてうわさの "かわいい動物の着ぐるみパジャマ" が彼らを待ち構えていて、それを着込んだ7人がランウェイよろしく花道でダンスを披露する。

アンコールVCRの「Guardians of the ARMY BOMB」は、マーベル映画『ガーディアンズ・オブ・ギャラクシー』のタイトルから拝借した。会社員だったり学生だったりするARMYたちが実生活で経験しそうな難題（？）をテーマに選んだ。（VCRではそれぞれ、JUNG KOOKとVが演じたが、この配役は二人が「HOUSE OF ARMY」で演じた役の延長線上にあった。勉強嫌いの学生をたしなめる叔父役のSUGAも同じ脈絡）

　「どこにでもアーミーボムを持ち歩き、困ったことがあるたびにアーミーボムの妖精たちが現れて助けてくれる」というこのストーリーの主人公はもちろん、"ARMYを見守るアーミーボムの妖精BTS"だ。

　この妖精たちは、ARMYたちが「イソンジャ」[*1]攻撃をくらったり、「ピケッティング」[*2]に破れたりするたびに、不思議な魔法で1席を探し出してくれたり、ギガ不足でオンラインコンテンツが楽しめないARMYのためにWi-Fiを作って助けてくれたりもする。

　続く曲は、このVCRの素材と相通じる歌詞が印象的な「Pied Piper」♫だ。

アッハッハッハ

そう？

PDさん、この被り物完璧ですね

こりゃ愉快。ワハハ

＊1　イソンジャ。「이선좌」。チケットサイトで座席を選ぶ時に表示される「イミ　ソンテクデン　ジャソギムニダ（すでに選択されている座席です）」を縮めた言葉で、し烈なチケット争奪戦を指す造語。
＊2　ピケッティング。「피켓팅」。「血（ピ）＋チケッティング」で、血のにじむようなチケット争奪戦を表す造語。

「Pied Piper」♪と「Best Of Me」♪でアンコールが終わると、BTS
は再びBステージの中央に現れる。メンバーたちは最初に登場した
時のように輪になって立ち、彼らが立つターンテーブルのリフト
が上昇するのに呼応するように、天井からはアーミーボムABRが
下りてきてメンバーたちを包み込んだ。

　エンディングクレジットの最後、JINのナレーションによる「こ
れからもよろしく」というひと言で公演は幕を下ろした。

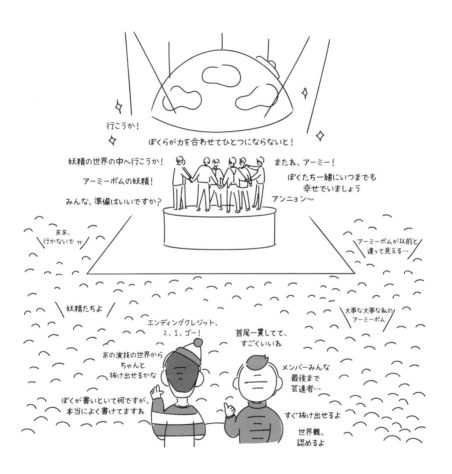

4月、横浜アリーナと大阪城ホールでツアーが開催された。

　タイトル、コンセプト、VCRなどの大枠は大同小異であったものの、セットリストを大幅に変更し（日本語オリジナル曲を特に多く盛り込んだ）、コーナーの中身も日本のファンが好みそうな内容に全面差し替えし、トークのすべてを日本語で進行した。

　毎日少しずつ違う6回分の日本語でのトークを、書いて、翻訳して、監修を受けて修正し、MCのキューカードを作成し、プロンプターに原稿を入力する作業だけでもとてつもない作業量であり、さらには、タイトな日程の中でこの台本を毎日毎日読み合わせして、（半分程度は）暗記するアーティストにとっても実に重労働だった。

　何よりソウル公演との最も大きな変化は、**センター・ステージ**を実現したという点だ。

　会場のど真ん中にAステージを設置し、その上にアーミーボムABRをリギングした。Aステージを中心点に花道を十字に組み、どの方向の観客にも接近できるセンター・ステージのメリットを十二分に生かした。

ぼくも
センター・ステージは
このく4th MUSTER〉公演の
時が初めてでした

韓国ではオリンピック体操競技場が
2018年にリニューアルしてリギングが可能になり、
センター・ステージ公演もしばしば催されています。
蚕室室内体育館でもごくまれに

エンド・ステージとセンター・ステージ（360度舞台）

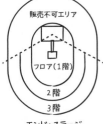

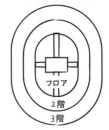

Aステージが公演会場の端にある"エンド・ステージ方式"に対し、"センター・ステージ方式"は公演会場の真ん中にAステージを設置するやり方だ。センター・ステージの特徴は次のとおり。

①アーティストと観客間の物理的距離が短いため、観客の満足度が高められる。

②フロアの座席数は減るが、エンド・ステージ方式ではつぶさざるを得なかったスタンド席が活用できることでより多くの有効座席を確保でき、全体の売り上げを引き上げられる。したがって、スタンド席が多い会場で有利だ。

③4方向すべてをカバーするために、プロダクションが増加する。例えば、音響、カメラ、フォロースポットライトなどが2〜4倍増加する。

④リギングが可能な公演会場で特に有利。リギングが不可能な会場でも、グラウンド・サポートでのセンター・ステージを設置することはできるが、少なくとも支柱が4本は立つことから視界が妨げられ見えづらい印象は否めない。

⑤アーティストが四方を均等に見なければならないので、演出がかなり細かくなる。

＊1 アーティストを目立たせたり、明るく照らすために使う照明機材。

7日間にわたる2都市6公演のタイトなスケジュール、初めて挑んだセンター・ステージ、毎日変わる日本語のトークと十字花道の動線など、制作陣とアーティストにとって少々過酷な（？）環境は、毎日リハーサルをしっかり行っても、目に見える、または見えない小さなミスが発生した。

　大阪の初日公演では、罰ゲームに当たらなかったVが間違えて罰ゲームの衣装（スイカの衣装）を着て登場するというミスもあった。（これには会場が沸きに沸いたので怪我の功名となった）
　ウォーリーPDは十字の動線がこんがらがるメンバーのために、四六時中イヤモニで動線のガイドを出し続けていた。（「Vさん6時の方向！　違う違う、SUGAさん12時！」など）

確かに手押し相撲ゲームだったはず…

抱き合った！

作戦じゃないですけど、こっちの方が面白いや

日本語が確実に上達してってる！

クサズ推せる！なごみすぎ！

手押し相撲ゲームをやらせたのにスキンシップで歓声を誘導してるよ

ウォーリー、君の作戦か？

メンバーたちは天才か

横浜では星の形、大阪ではハートの形だった"ウイングハート"も好評だった。薄い発泡スチロールを手のひらサイズにかわいく型抜きし、両面にメンバーのサインなどを印刷したもので（熊本県のウイングハート職人に依頼した。1枚当たりのコストも高い）、場内の天井のあちこちにセットしておいて紙飛行機のように会場をひらひらと舞いながら観客席に降らせていくという仕掛けで、来場者には良い記念品になった。

　タイトルからステージデザイン、コーナー構成、アートワーク、VCR、トークなど、ひとつのコンセプトにうまく溶け込ませた非常に完成度の高い公演となった〈Happy Ever After〉が幕を下ろした。

　〈Happy Ever After〉が進行している間にも、（そして、この先の5月の「Billboard Music Awards」と6月のデビュー5周年記念公演の準備もしつつ）、ぼくらは、8月から始まる新たなツアーの準備に着手していた。
　地球を一周する、K-POP界ではいまだ誰も足を踏み入れたことのない土地へ──。本当に巨大で偉大な、そして同時に厳しいツアーになるだろうことは、ぼくらも重々予感していた。

キムPDのツアー・ライフ

　それまで国内向けだった"韓国大衆歌謡"が"K-POP"となって全世界へ輸出されるにつれ、K-POPアーティストの海外公演も爆発的に増加した。

　ぼくが初めてこの業界の門をたたいた2002年はまだ、K-POPの海外ツアーがよちよち歩きを始めた時期だったから、当然、韓国の演出・プロダクションスタッフが同行する公演などまれで、東方神起やアン・ジェウクの海外ツアーに同行してきた先輩たちを尊敬のまなざしで眺めていたものだ。しかし現在は、海外ツアーに出たことのないスタッフのほうが珍しいくらい、K-POP業界で働く人たちは全世界を股にかけて公演を作り出している。

　ぼくも初めてツアーに出た時は、見るもの聞くものすべてが物珍しくて随分と緊張もしたが、今や、ぼくを筆頭に多くのBTSの関係スタッフたちは、ツアーがすっかり体に染みついたと言えるほどの専門ツアラーになった。

「ツアーに出るといっても、毎日海外で遊び歩いているだけでしょう？」などと、若干のやっかみ混じりの好奇心に満ちた質問を受けることもあり、このコラムで、"パスポートがスタンプでいっぱいになって有効期限前に交換しなければならないほど"のツアラーたちの生活について、いくつかお話ししておきたいと思う。

Q1.　航空会社のマイレージが随分とたまるんじゃない？

　一番よく聞かれる質問だ。そのとおり、たくさんたまった。

　とはいえ、思ったほど多くもない。たいていエコノミー席、その中でも最も安いクラス（同じエコノミー席でも手数料や条件などによって価格が違う）のチケットを購入しているので、マイレージポイントもその分割り引かれて加算される場合が多いからだ。

　そしてよくある誤解は、「海外に行く頻度が高ければマイレージも比例してたまるだろう」というものだが、これはまったく間違いではないが、正しくもない。近い外国に頻繁に行ってもたまるマイレージなど微々たるものである。かつ、ヨーロッパやアメリカを巡回するツアーなどの場合、大陸内の移動はバス、または、マイレージ対象外のチャーター機を利用することもあるためだ。

犬のように稼いで、大臣のように気前よく使うマイレージ

Q2. 海外では何を食べているの？

　リハーサル中や公演当日は外に食事に出る時間もないため、会場の現場で食事が提供される。（これは韓国国内での公演でも同じだ）韓国料理のお弁当だったり、ファストフードが出ることもあり、ツアーチームが大所帯の場合には、ビュッフェ形式のケータリングが出る場合もある。

　このビュッフェでは韓国料理がメニューの半分ほどを占めるが、運営チームで先に試食したものが選ばれることもあって、かなりおいしい。（おかげで時には人生最高の韓国料理ビュッフェに海外の会場で出会う場合もある。個人的にはブラジルで出会った韓国料理ケータリングが白眉だった）

　外国人シェフが調理する韓国料理をもらうため、韓国人スタッフが長い行列を作って待つという珍百景が繰り広げられもする。

#食べ尽くし厳禁

食べないんじゃなくて、
取れなかったんじゃないか

君らが全部食べ尽くしたんだな

トングランテン[*1]
ひとりで10個も
取るなんて！

ワナワナ

ケビン、この料理は
何ていう名前？

韓国料理を好きになってくれたのは
ありがたいけど、あんまりじゃないか

韓国料理おいしいのに、
君はなぜ
食べないの？

K-POP公演の仕事では
韓国料理が出るからうれしいな

*1　トングランテン。「동그랑땡」。豆腐とひき肉をこねて焼いたピカタのような韓国の家庭料理。

ぼくら演出・プロダクションスタッフは長くて1週間程度、ひと足先に現地入りしてセットアップを管理することになるのだが、この時、日当に当たる「パーディアム」を受け取る。現地通貨を現金で受け取るパーディアムはランチや夕食のための費用であり、1食当たり15〜20米ドル程度が適用される。となると、前乗り期間中は、このパーディアムを利用して各自で食事を解決しなければならず、近所のレストランに出掛けたり、ホテルのルームサービスを利用したりする。

　現地の食事を楽しむ人もいる一方で、韓国料理にこだわる人もいる。特に2週間以上にわたる長期ツアーの時の彼らの韓国料理に懸ける闘魂は涙ものだ。UberやGrabなどの配車タクシーを手配して韓国料理店を訪ねるのはまだ序の口だ。猛者になると、韓国から韓国料理のミールキットをどっさり買い込んでいったり、現地のコリアンスーパーでミールキットや総菜などを買ってホテルの冷蔵庫に常備しておいたりもする。旅行用のミニクッカー（電圧切り替え式であることがマスト）は必需品だ。

調理中のボトルネック現象 in ダラス
ミニクッカー 1台で5人が食べようとなると…

Q3. 現地ではどんなことをしているの？

　通称"アーティスト・クルー"と呼ばれる韓国側の人員は、ツアー次第だが少ない時は十数人、多い時は100人ほどから成る。この人員を業務内容によって、A、B、Cパーティーに区分する。

　Aパーティーは、アーティスト、マネージャー、SP、グラムと呼ばれるヘア・メイク・スタイリスト、Bパーティーは、サポート出演陣(バンド、ダンサー)、Cパーティーは、演出・プロダクションスタッフだ。

　CパーティーであるPLAN Aは、前回よりもより良い公演を作るために、公演の修正事項を整理して配布したり、都市別、公演回別にトークを修正してアーティストと読み合わせをする仕事などを行う。アーティストの突然の負傷やコンディション悪化で公演に参加できなくなった場合は、それによる事後のフォロー計画を立てて配布することも演出チームの役割だ。

　また別の例として、Cパーティーの照明監督は、その国ごとに変わる照明装備や修正された演出案を反映させるため、現場でそれまでのプログラミングを整え直している。

　すべてのチームがこういった類いの工程を繰り返していて、それを総括するのがPLAN Aだ。(簡単に記述したが、実際は数多くのパートで予測可能または不可能な、技術的、演出的な問題が毎日絶え間なく浮上して、日々問題解決に忙しい)

この質問にひとつの答えだけを提示するのは無理がある。個人の性格やポジションごとの役割、各ツアーのセットアップから公演スケジュールによって文字どおり千差万別なので、ここではいくつかの断片のみを紹介しておく。

余剰時間には（たとえ数時間であっても）何が何でも出歩きたい派がいる。有名観光地、SNSで話題の場所やおいしいレストラン、市場などを、もう一生この地に訪れることはないだろうという観光客のように見て回る。ディズニーランド、ユニバーサルスタジオのようなテーマパーク、スポーツ観戦、ニューヨークやラスベガス、ロンドンなどの場合は観劇に出掛けたりもする。

やはりぼくもツアラー初心者だった頃は命を懸けて観光して回ったし、公演を見まくったし、お土産を買い込んだりもした。赤ちゃんの離乳食、おもちゃ、ディズニーストアのプリンセスドレス、入浴剤、お菓子、化粧品、ブラシ、サプリメントなど……。

一方で、ホテルステイ派もいる。ホテルのフィットネスで汗を流したり、コインランドリーで洗濯したり、部屋のテレビにノートパソコンをつないで（HDMIケーブルは必需品だ）配信ドラマを制覇したり、近所のスーパーでその国のローカルビールを買って部屋でひとり飲みを楽しんだりもする。ホテル派の仲間同士が集まって、韓国から "お連れした" つまみを広げて親睦を深めたり、残ったパーディアムをかけて暇に任せてカードゲームに興じたり、それでもなければ、死んだように眠ったりもする。たまったメールの返事を書いたり、次の都市やその次のツアー準備のための業務を行ったりすることももちろんある。

　独身ツアラーは家族の小さな好奇心の対象だ。だが、最初の頃こそ心配していた両親も、ツアーが何度も繰り返されるにつれて「いつ行くんだったっけ？」とあいさつのように口にするだけで、大して気にもとめなくなる。たまに免税店や現地でのショッピング・ミッションを言い渡されもする。

　付き合っている恋人がいる人の場合は、関係に問題が生じる余地は多少なりともある。「視界から遠ざかると心からも遠ざかる」という言葉は、程度の差はあれど普遍の真理であり、一緒にいられる時間が明らかに少ないどころか各種記念日にも会えないような相手というのは、良い恋人として高得点をもらうのは難しい。（特に、終わりかけの恋愛中にぶつかる長期ツアーは、別れの引き金そのものとなる）

　しかし逆に倦怠期（けんたいき）の恋人同士にとっては、適度なツアーがむしろ週末夫婦のような状況を強制的に作り出し、普段感じられることのなかった切なさを発見することもある。

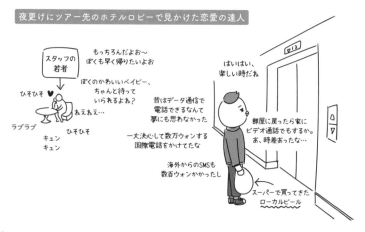

夜更けにツアー先のホテルロビーで見かけた恋愛の達人

もっちろんだよぉ〜
ぼくも早く帰りたいよぉ

スタッフの若者

ひそひそ 💕

ぼくのかわいいベイビー、
ちゃんと待っていられるよね？

ラブラブ

キュンキュン

ひそひそ

ねえねえ…

はいはい、
楽しい時だね

昔はデータ通信で
電話できるなんて
夢にも思わなかった

一大決心して数万ウォンする
国際電話をかけてたな

海外からのSMSも
数百ウォンかかったし

部屋に戻ったら家に
ビデオ通話でもするか。
あ、時差あったな…

スーパーで買ってきた
ローカルビール

Q6. 家庭は大丈夫？　子どもたちに忘れられたりしてない？

　既婚者で子どもがいる場合はまた別の問題がある。子どもが幼い場合は、問題は"また別の"どころかかなり深刻である。ツアーに出かける本人も留守宅を守る人に対して申し訳ない気持ちを抱いてはいるのだが、残されたほうは最高レベルのワンオペ育児を強いられるからだ。子の親になった専門ツアラーは、気の毒だが家族の犠牲は避けられない。

　まず、ツアーが決まったという話を聞くと、ワンオペ育児の覚悟を決めます。最初は本当に大変で夫が恨めしくもありました。1年の3分の1は海外ですから…出発日や帰国日、帰ってきて時差のせいで疲れている日を合わせたらもっとでしょ。海外にいる時間も長いですが、ツアーが多いと韓国にいたとしても次のツアーの準備で忙しくて疲れているし…。だけど私もワンオペスキルが最高レベルに達して、一人で子ども二人を連れて海外旅行に行ったこともありますし、ツアー中の夫に数日のオフがあったヨーロッパのツアー都市にも行きました。また、一人で子ども二人を見なければならない時間が多いため、家族や友人、知人とは連絡が密になります。特に同じ年頃の子どもがいる家や、週末に夫が出張に行くママたちはしょっちゅう私に連絡してきます…うちの夫がほとんど家を空けていると知っているので。夫は海外ではミールキットをたくさん食べているのでかわいそうでもあり…帰ってきたらきたで外食の刺激的で濃い味付けになれてしまっていて、家のご飯は味が薄いとか言うんですよね…。周りは「だんなさんが有名な歌手のツアーを手掛けていてうらやましい」と言うけど…実際のところ私はよくわかりません

専門ツアラーを夫に持ってどうですか？

ひと言ひと言耳が痛いな

1カ月を超える長期出張の時、子どもたちは父親を「ビデオ通話で会える存在」として
認識していることもあります。おかげで、父親がわからないということはありませんが、
子どもたちは「パパ」という単語と「出張」という単語をひとくくりに考えています。
子どもが幼稚園の先生に「パパのお仕事は何?」と聞かれた時、「出張の仕事です」と答えたほどです。
本当に残念ですよ、夫が子どもの成長する姿を見られないのは。BTSのデビューショーケースの後
すぐに上の子の妊娠がわかって、出産してすぐにBTSのツアーが始まったのですが、
今やもう満5歳ですよ、来年には小学校に上がります。
子どものかわいい盛りだったのに…残念だけど時間は戻ってきませんから。
子どもたちにとって唯一良かった点は…パパがディズニーストアで高級リミテッドエディションの
プリンセスドレスをたくさん買ってきてくれたことくらい? エルサだとかアリエルだとか…でも
子どもの好みとか服のサイズがわからなくて、毎回売り場に行くたびに写真を撮って送ってきては、
どれを買ったらいいか聞いてくるので、率先してお土産を買ってきてくれるというよりは
購入代行みたいな感覚というか? でも「買ってきて」と頼むと、どんなものでも
一生懸命探して買ってきてくれはします。後ろめたい気持ちがあるんでしょうね

専門ツアラーの人生を生きるのに必死で、家族との生活に集中することができなかった数年間、ワンオペ育児の長い時間を耐え忍んだ妻、イ・ユジンにはこの場を借りて深い感謝と尊敬、そして愛を表したい。

CHAPTER 3

そして、
ぼくらはスタジアムに
立っていた

険しい上り坂だった。

2000席のAXホールに始まり、オリンピックホール、SKハンド
ボール競技場、そして体操競技場を経て、2万席の高尺ドームで9
公演を埋めるまでに成長する間、海外でも1000席の小さな劇場か
らホール、アリーナを経て、ついに3万5000席の京セラドーム大
阪まで制覇した。

多くのアーティストやそのスタッフたちが、自らの夢として
「ワールドツアー」「アリーナツアー」「ドームツアー」を口にする。

PLAN Aはその険しい上り坂を肩で息しながら上り続け、その
夢をひとつずつ、着実に叶えてきた。

だが、成長には苦痛が伴うものだ。育ち盛りの子どもならひざ
が痛くなるし、実力を伸ばしたいスポーツ選手なら毎日筋肉を痛
めつけるし、成績を上げたい学生なら自身との壮絶な闘いに臨ま
なくてはならないように。

2018年と2019年、ぼくらはK-POP界で前人未到の道を歩んだ。困難と課題が生い茂る森を息を切らして這い上がった道のりでは、周囲を見渡す余裕など当然なかった。

　ある者は心に傷を負い、同時に誰かの心を傷つけた。その傷にかさぶたができる前にまた傷を負ったこともあった。だからこそ一層苦しかったし、だからこそ一層成長もできた。

　2018年の晩夏、ソウルの蚕室〔チャムシル〕メインスタジアムで始まった〈BTS WORLD TOUR 'LOVE YOURSELF'〉(以下、〈LYツアー〉)が2019年春、ロサンゼルスのローズボウル・スタジアムで始まった〈BTS WORLD TOUR 'LOVE YOURSELF: SPEAK YOURSELF'〉(以下、〈SYツアー〉)に変身し、半年後にソウルで開催された〈BTS WORLD TOUR 'LOVE YOURSELF: SPEAK YOURSELF' THE FINAL〉(以下、〈SYファイナル〉)公演に至るまで──。

　これから綴るのは、単に"長丁場"と表現するには言葉が足りないほどの、その長い長い旅路の記録だ。

起pt.1_チームの層: 2018年初春から夏まで

　2017年12月、〈THE WINGS TOUR: THE FINAL〉公演を視察に訪れたアメリカの**ビジュアル・クリエイター**チームFragment 9（以下、F9）のジャクソンと顔合わせした瞬間から、〈BTS WORLD TOUR 'LOVE YOURSELF'〉はその第一歩を踏み出した。（前でも述べたとおり）ファンミーティング〈Happy Ever After〉が韓国と日本で開催されている間も、ぼくらはF9とともに〈LYツアー〉の青写真を描く作業をひたすら続けていた。

　年が明けた2018年1月末からは、F9とのオンライン・ミーティングが始まった。BTSを熟知したPLAN AがBTSコンサートにおける必須ポイントや、このツアーで見せたい演出ポイントを語ると、F9はそれを土台にした舞台デザインをスケッチにおこし、それをもとに意見交換して候補を絞り、それをまた修正したり取りやめたりしながら、新たなデザインスケッチを描く業務が繰り返された。

韓国には…
コンサート業界には
こういう集団はいないな

いずれ現れるかも
しれませんけどね

ナイスなアヒルの公演用語辞典

ビジュアル・クリエイター

F9は、Jeremy LechtermanとJackson Gallagherという二人のヘッドデザイナーが率いるビジュアル・クリエイター集団だ。彼ら自身がそれぞれ照明や映像を担当するとともに、照明や映像、舞台など各ビジュアルパートのデザイナーやプログラマーとのコラボレーションによって業務を遂行する。
〈LYツアー〉は「アメリカのポップス・コンサートの雰囲気に」というマネージメント会社の要請により、アメリカ国内のビジュアル・クリエイターと交渉を重ね、最終的に選ばれたのがF9だ。

PLAN A側のメンバーは、英語が可能なスタッフで構成したので（全員中級以上の英語の実力があり、ネイティブもいる）言葉の壁は思ったほど大きくなかったが、オンライン・ミーティング特有のブツブツ途切れる音声には悩まされた。また、たいていがコロラド、いわゆるアメリカのマウンテン・タイムゾーンにいるF9との通話時間を確保するのにも悩まされた。

　ミーティング時間を設定しようにも、お互いが譲歩しても誰にとってもうれしくない時間帯にならざるを得なかった。それが韓国時間の朝9時（コロラドは夕方6時）か、または、韓国時間の深夜0時（コロラドは朝9時）だったのだが、洋の東西問わず、この業界の人間たちにとって朝の9時という時間が、クリエイティブな仕事をするにはやさしくない時間であるということも確認できた。

朝9時、起きぬけに席につくオンライン・ミーティング

＊1 山岳標準時。アメリカ大陸の標準時のひとつ。

100日に及ぶ長い事前デザイン検討の間、PLAN AとF9は数えきれないほどのオンライン・ミーティングを行い、メールのやりとりをし、メッセンジャーで意見を交換した。そしてさらに絞り込んだ数点のデザインや主要アイテムを描いては議論し、そこからまた選びに選び抜いたデザインをマネージメント会社に提出した。

　マネージメント会社が最終的に選択したメインデザインは、（最初のアイディアでもあり、PLAN AとF9のイチオシだった）BTSとARMYのロゴをモチーフにした4つのセット（全体は8パート）に、正面には映像用LED、背面には照明、両サイドには電飾をびっしりと敷き詰めた、左右に開閉可能で同時にそれぞれが360度回転するという、ブレードのデザインだった。

深夜0時、今度は君たちの番だ

初期のコンセプトや舞台デザイン、主要演出の内容を想像する
"フラッシュアイディア大会"の時期には、スタッフの想像力に限
界を設けないことが原則だ。遠慮してしまうと思考が硬くなって
しまうので、最大限、広げられる方向で"とにかくどんなアイディ
アでも"気持ちよく投げては打ち返しを続ける。そうやって力を合
わせて作り上げた想像力は、どんどん膨らんでいく。

　もうこれ以上ないくらいにアイディアを出し合ったところで、そ
こから現実の時間だ。会場のコンディション、予算と時間のゆとり、
技術的な面からの実現の可能性、そして何より演出面での必要性
など、様々な観点からそれまでの想像力を整え、削ぎ落としていく。
詳しく言えば、内部ミーティングを繰り返し、担当各所とも二次、
三次と質問を投げ合いながら、どれを削除して、どれの形を変えて、
どれとどれを合体させ、どんなことを追加すればいいのかという
作業を行っているのだ。

　言葉と文字とレファレンス・イメージとラフスケッチで存在し
ていた大きな想像力は、こうして図面へ、キューシートへと落と
し込まれて実体を現していき、実際に制作され、現実のものとな
るのだ。

どれどれ…4本のレールを設置して、各レールに2つずつブレードをつけると…。
でも、左右に開閉もできて回らなきゃならない。
一番大きなものは相当な重量になりそうだが、
こんなレールシステムを作れるところが韓国にあるかな？
これをどこに聞いて誰に頼めばいいんだ？

レールとトロリーはできたとしよう。
そこにフレームをつけないとLEDや照明、
電飾がつけられないと思うけど、
このフレームも全部カスタムになるね？

正面にはLEDをつけるから…でもLEDって四角もしくは三角なんだよね。
もちろん黒い化粧板をつければいいだろうけど、LEDをカスタムで作って
埋め込むなら化粧板をすごく分厚くしなきゃならないね。
いや、ダサいな。いっそLEDをカスタムするか？
できなくはないけどね、お金も時間もかかるよね

背面にはマジックドット照明をびっしりつける…。
スペアまで考慮すると、ひとつのセットを作るのに
だいたい200台は必要だね。
しかもツアースケジュール上、4セットは覚悟しておかなくちゃ…ああ…
そうすると800台買わないと…ワオ…しかも側面に電飾もあるしなぁ

さらにこれをコンテナに詰めて、運搬して、
現場で素早く組み立てなくちゃならない。
このブレードをさっさと立ち上げないと、
下の舞台が設置できないから
スケジュールが押しかねない…となると、
リハーサルも公演も押しかねない…
あああ駄目だ。それじゃご破算だ！

こりゃ難局しかないぞ。
明日すぐに代表たちに
電話しなければ…

側面電飾
正面LED
背面照明

"ブレードシステム"の制作作業はそれこそ難局だった。

　風のうわさを頼りに、ドイツの舞台技術装置制作会社の代表マイケルと連絡が取れて、彼のところでレールとトロリー（どちらもブレードを動かすための付属機材）を制作してもらえることになった。

　そこからは国内チームの役割だった。

　構造物チームはトロリーと連結する軸のほか、各種装備を取り付ける巨大なフレームや機材に電源を供給するケーブルや分電盤を作り、映像装備チームは黒い化粧板の縁を目立たせないように各種新機能を備えたカスタマイジングLEDを発注した。照明チームはマジックドット照明800台を手配し、電飾チームも装備制作に取りかかった。

　すべてが目新しかった。誰もが過去に例のない挑戦を強いられた。しかもそれは各チームが足並みそろえてこそ前進できる作業だった。

　さらにツアー日程の都合上、船便を考慮して4セットも制作しなければならないため、このブレードシステムにつぎ込んだ時間、物量、人員、そして予算は想像を絶するものだった。（1〜2セットだけ作る場合は航空輸送も可能だが、その場合の輸送費はとんでもない金額になる。制作費と輸送費を総合的に考慮して、4セットを制作して船便を利用したほうが賢明だと判断したのだ）

　ツアーのキービジュアルとなるブレードシステムが本格的に制作に入り、後回しにされていたほかのアイテムに関しても、続々と制作図面が上がり始めた。

種目を問わず、団体スポーツのリーグ戦で優勝するチームの共通点は、スターティング・メンバーにも劣らない優秀な控えのメンバーを擁しているという点だ。シーズン中100試合以上を戦わなければならない状況で、優秀な選手たちをまんべんなく起用できるという"層の厚いチーム"だからこそ、リーグ期間中に常に好成績を残せるものだ。

　〈LYツアー〉の準備をしている時、その終わりはまったく見えなかった。（しかも〈SYツアー〉への変身は、〈LYツアー〉が始まってから決定したのでなおさらだ）
　おまけに長い準備期間と2度にわたったプリプロダクションまで考えると、その当時すでに発表されていたスケジュールだけでも、これまでに経験したことのない超長期ツアーになることが予測された。そこでぼくはこの長いゲームを戦い抜くためには、ツアーチームの層を厚くしなければならないと考えた。通常のツアーチームなら、レギュラーメンバーでいつもどおり行うのが慣例だったが、今回こそは交代メンバーの準備が重要だった。

　層の厚くなったツアーチームにはいくつかの長所があった。

　まずひとつ目、前の都市の公演日と次の都市のセットアップ日が重なっている場合、A組とB組の二組に分かれれば公演とセットアップの同時進行が可能だ。
　2つ目に、担当者が病気やケガ、やむを得ない退社などで穴を開けるような緊急事態があっても、すでに熟練した交代メンバーがその穴を完璧に埋めることができる。
　3つ目、スケジュールが休みなく進行している状況でも、順次韓国に帰国して、現場のプレッシャーを感じることなく、落ち着いて次の大陸、あるいは都市の仕事の準備をすることができる。

スタッフ層の目標は1.5倍とした。

通常のツアーで二人が行く公演なら3人を、4人が行く公演なら6人を確保しておき、プリプロダクションから参加させて、このツアーを頭と体に刻み込んでもらった。

結果的に、諸般の理由からすべてのチームで目標の層を確保することはできなかったが、準備段階から確保を始めたスタメン級の交代要員は、後述するソウルの初公演で台風（！）という非常事態の時に大いに助けになったし、想像もできなかった〈SYツアー〉への変身過程では、増員しておいた枠に交代メンバーが入ったことでツアーチームの人員構成に大いに役立った。

PLAN A自体もまた、層を厚くするための内部補強にいち早く着手した。

2017年8月にはジミンPD、12月にはオルムPDの入社に続いて、18年1月にはベッキPDが加わり、BTSの〈THE WINGS TOUR〉、〈Happy Ever After〉のみならず、ほかのアーティストの公演演出ならびに制作に参加し、目を見張る成長ぶりを見せた。

確保したチームの層をしっかり固めるためにも、コミュニケーションは必須だ。アメリカやドイツのスタッフとのコミュニケーションは否応なくメールや電話、オンライン・ミーティング、メッセンジャーの利用となるが、ツアー全般の責任者となる韓国チームには、そうした非対面のコミュニケーション以外にも、毎週決められた日に全員出社を課した。

　2月のうちに8月までの全社ミーティングのスケジュールを発表しておき、その日はすべてのチームのリーダーたちが日程を調整して参席した。

　リーダー同士が相談し、ホワイトボードに絵を描いて図面をその場で修正して確認し、素早いコミュニケーションで最善の結論を導き出す。チーム同士で合意しなければならない点が多い複雑なタスクを解決するためには、やはり関連するチームが実際に集まり、鼻を突き合わせて話し合うことが一番早かった。

　こうして解決したタスクが蓄積されてくると、月に一度、全チームが集まって全体会議を開き（40人が入る会議室を借りなければならなかったが）、それまでの進捗状況を共有し、新たに発生した問題について議論した。

　そんな中でも、各曲の演出についてのF9とのオンライン・ミーティングは引き続き開かれ、蚕室メインスタジアムと一山のKINTEXの下見に奔走し、アメリカ・ヨーロッパツアーの現地プロダクション・マネージャーとメールのやりとりを続けた。

　日増しに暑さが厳しくなっていた6月の最終週。

　韓国・アメリカ・ドイツのチームが一堂に会し、層の厚いワンチームとなって、ぼくらはついに、一山の某スタジオに向けて出発した。

起pt.2_スパルタ式監禁生活: 2018年真夏

　ブレードシステムの基礎となるレールとトロリーがドイツから航空便で超高速で配送され、目新しいこのシステムを韓国とドイツの合同チームで集まってテストすることにした。

　最初のプリプロダクションが行われた2018年6月27日と28日──、空は今にも雨が降り出しそうなほどの黒い雲に覆われていた。

*1 インジョルミ。「인절미」。韓国のきなこ餅。
*2 ソジュ。「소주」。焼酎。

27日の朝、韓国・ドイツの両チームは一山のスタジオに集合し、機材の入った段ボールを開けて、初の合同設置を開始した。韓国側からは、ツアー期間中このシステムを直接運用することになる構造物チームのツアー担当者たちが投入され、ドイツ側からは製作会社の代表であるマイケルと、彼が雇っているテクニカルスタッフであり韓国チームとツアーをともにするリチャードが投入された。

　図らずもその日は2018年のサッカー・ワールドカップ・ロシア大会のグループステージ第3戦の開催日で、しかも韓国対ドイツの試合が行われる日だった。（結果的には韓国が2対0で勝利を収め、前回覇者のドイツに対しグループF最下位で敗退という屈辱を味わわせた）

偶然じゃないさ

幸いなことに翌日も彼らは出勤してきた。（しかし、誰一人として前日の試合について触れる者はいなかった）

　ぼくらはそれまで図面上にしか存在しなかった、そして今回のツアーで最も重要なアイテムである、この"リアル"トロリーシステムの設置方法と駆動方式を理解し、ツアーで長期的に運用していくイメージを十分描くことができた。

　スタジオでの撤収を終えた翌28日の夜は、雨がしとしと降っていた。第2次プリプロダクションに向けての準備で4回の全員出社をこなすうちに、本格的な暑さが始まっていた。そしてぼくらはKINTEXに向かって出発した。

　7月12日から始まった第2次プリプロダクションは、KINTEXでのセットアップからテクニカル・リハーサル、アーティスト・リハーサル、修正リハーサル、そして撤収までと、延々19日間にわたって行われた。

第2次プリプロダクションでの目標はいくつかあった。

まずひとつ目、全出演陣とスタッフがこの公演に慣れることだ。韓国・アメリカ・ドイツ・日本などの多国籍チームはもちろん、会場にいるすべてのスタッフがこの公演で一丸となることを目指した。アーティストにも十分なリハーサル時間を提供し、公演初日には自然なスタートを切りたいと考えていた。

2つ目の目標は、頭の中のモニター上に存在した様々な演出を、実際の舞台の上で具現化することで、直接自分たちの目で確認し、全員の意見を集めて足したり引いたりの修正をし、最善の演出案に仕上げたものを本番の公演にかけようということ。

3つ目の目標は、各チームの協同作業が必要となる4セットのブレードを組み立てて、レールとトロリーに設置して、テスト完了後、パッキングまで終わらせることだ。

8月頭にはA、B、Cの3つのセットを船便に乗せなければならず（DセットはKINTEXのププとソウル公演で使った後、日本に輸送予定だった）、7月の中旬から下旬にかけてがこの作業を行うのに最も適したタイミングだった。

KINTEXは縦171メートル、横63メートルの長方形の巨大な空間だったが（サッカー・ワールドカップのフィールド規格である105メートル×68メートルと比較すると、KINTEXのほうがサッカーフィールドよりも1.5倍ほど広い）、それでも蚕室メインスタジアムの舞台を100%再現することはできず、天井高の限界もあって、プリプロダクションは“かろうじて意味をなす”程度に、実際よりもコンパクトに組み上げた。

　例えば、ステージ全体を設置せずに床面にテープでマーキングして、アーティストが動く区域（Aステージ・Bステージ、リフトなど）を表記したり、舞台の中に入るリフトも演出的な検討が必要なものだけを置いた。巨大なIMAGはサイズをうんと縮小して立て、床の縁どりの電飾は下手側の一部のみにした。BステージとDステージをつなぐムービングステージ（Cステージ）を1台設置して、実際に乗り込んでみることができるようにした。

　しかし、Aステージの中に入る主要アイテムだけは最大限設置した。ブレードシステムと照明、LEDなどは実際と遜色ないものを設置したのは、それでこそ全般的な演出の流れをつかむことができるからだ。

18泊19日KINTEX監禁記　その1

ここやたら広いから、
歩いてたら余裕で
1日10万歩コースでしょ

舞台からFOHまでも、
ブレード組み立て場までも
とんでもなく遠いし

メインスタジアムに
行くのにも必要でしょ。
外のカンカン照りの中、
とても歩けないですよ

*1

舞台監督
八監督

ぼく、電動キックボード
買うんですけど、PDさんも
一緒にどうですか？

買おう、
買おう

うらむ…
確かに遠いね

いくらくらいかな？

妻の許可を
取ってないけど
許してくれるはず…

電飾
▼ チーム長

ぼくはもう買いましたよ！
最高〜♪

PDさんも
さっさと買ったほうが
いいですって

18泊19日KINTEX監禁記　その2

2018年の夏は気象観測史上最も暑かったというが…

あり得ないほど
寒いんだけど

石油が一滴も
出ない国で

ご飯食べに
外へ出ると
汗ダクになるのに

今年の夏は
記録的な暑さらしいけど…

明日からダウンでも
着ようかしら（泣）。
クーラー病に
なりそう

みんな暑くて死にそうだっていうのに、
ぼくたちは凍え死にそうだ

ここは超・超・超
寒い…寒すぎる…ㅠㅠ

家からひざ掛けでも
持ってこなくちゃ…

出勤開始1週間
ソリムPD

暑いのよりは
マシだけど…うらら

*1 p.318参照。

1週間のセットアップ期間中に数多くの試行錯誤を試みた末、レールやトロリー、ブレードまですべての組み立てとテスト終了の目途が立った。

　続く3日間のテクニカル・リハーサルを控えて、F9チームの十数名が続々来韓した。ジャクソンとは以前、高尺ドームでほんの少しあいさつを交わした程度だったが、長きにわたったオンライン・ミーティングのおかげで、PLAN AとF9は出会ってすぐにハグとあいさつを交わして、素早く業務に入った。

3日間にわたるテクニカル・リハーサルの間、ぼくらは一曲一曲を聞きながら、オンラインでは埋められなかった意見の溝を埋めていった。こうして作り上げたイメージをベースに、すべてのサポート出演陣が直接動線を踏査し、音楽を修正し、演出を調整した。そしてようやく、公演を体に慣らす5日間のアーティスト・リハーサルを迎えた。

　アーティスト・リハーサルも1曲ずつ着実に行いながら、アーティストに動線と演出意図を説明し、マネージメント会社とアーティストからのリクエスト事項もしっかり取り込んだ。実際のステージ衣装を着て踊ってみることで、衣装に修正が入ったりもした。公演を自分たちのモノにする術(すべ)を知りつくしているメンバーたちは、いち早く公演内容を吸収していった。

　最終日、2度の**ランスルー**まで終えると、ひと月半後の公演をすべて予習し終えたアーティストたちは気持ちよく会場を後にしていった。

リハーサル…
それは命

それなしの本番は
寿命が縮む思いです

ナイスなアヒルの公演用語辞典

ランスルー(Run through Rehearsal)[*1]

本番と同じ順番で頭から通して行うリハーサル。通常は、1曲ずつ、または1セクションずつリハーサルを行ってから、それぞれのパーツをひとつなぎにしたランスルー・リハーサルを行う。こうすることで、部分部分で行っていたリハでは見つからなかったミスや不具合が発見できる。例えば、幕間(ブリッジ)で流すVCRがアーティストの衣装替えの時間に対して短すぎるとか、1度使った機材を再び使う時に必要な時間が足りないなどの問題が露呈する。したがってこのランスルーは、本公演の前には必ず1度以上は行っておくべきものである。

---

*1　日本ではゲネプロとも呼ばれる。

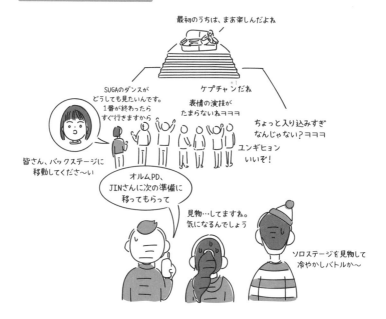

分刻みで進行するリハーサルの間にも、アメリカやヨーロッパ、日本のプロダクション・マネージャーが次々と訪れ、彼らとも技術的な方面での様々な懸案事項を議論した。

2日間の修正テクニカル・リハーサルを進めながら、4セットのブレードシステムを仕上げて運送チームの倉庫に送った。そして、外国人スタッフたちは皆それぞれに帰国の途に就き、韓国チームは撤収まで終わらせた。

こうして長い間強いられてきたスパルタ式監禁生活が終わり、ぼくらはようやくKINTEXから解放された。

＊1 ケプチャン。「갑짱」。最高という意味の俗語。

承pt.1_台風前夜、ソウル蚕室メインスタジアム
: 2018年晩夏

　長い監禁生活を終え、クーラー漬けのKINTEXから脱出すると、昼間は35度超え、夜は熱帯夜という現実が待っていた。

　蚕室入りする前の3週間は、KINTEXで片付けられなかった問題を解決する時間だった。

　例えば「Epiphany」♬の演出は、KINTEXで実際にやってみた上でそれまでの演出を取りやめて方向転換したりなど……。もちろんそれ以外にも、蚕室でだけ発生しそうな問題の数々（例えば雨天時にはどうするのかなど）を検討した。

　その間にも、荷物を積んだカーゴはすでにアメリカやヨーロッパへ出発し、海外に送る**テクニカルライダー**もアップデートした。

　一方、プロダクション運営面でも大忙しだった。スタジアム側とのミーティングでは、芝生は保護するようにと口酸っぱく言われたし、数十社、数百枚にも及ぶIDカードの作成をはじめ、駐車や食事のリストをまとめたり、レンタル品目の最終チェックを終えて、運営チームへ伝達したりした。

　また、猛暑下での野外作業に備えて、速乾性に優れたシャツやレインコートを大量購入し、クールスカーフ、アームカバー、かゆみどめや虫除けなども準備した。加えて、各国に提出するビザ関連書類を作成し、アメリカのビザ取得のための面接を受けた。

ツアープロダクションごとに形式も様々です

「丁寧にまとめてあって助かった」と
現地からよく言われますよ

PLAN Aも国内外の様々なツアーチームのライダーを入手して勉強し、
自分たちだけのスタイルを模索しましたよ

韓国語で書いても難しい内容を
英語で書かなきゃならないので
頭痛いです

一度書き始めると
ディテール地獄に陥る
憎きテクニカルパッケージ

手分けしても終わりません、
特にSYツアーみたいな長丁場は…

泣きたい…

もう泣いてます

ナイスなアヒルの公演用語辞典

テクニカルライダー（Technical Rider）

オリジナルツアーチームがローカル（現地）のスタッフへ、今回のツアーをどのように作り上げるかを説明する技術的資料のこと。例えば舞台はどの程度のサイズを確保すればよいか、舞台の床はどんな材質で仕上げるか、どういった機種の照明、音響、映像装置がそれぞれ何台ずつ必要で、どこに設置すればよいのかなどを詳細に記述する。

小〜中規模のK-POPツアーの場合だと、韓国からは監督クラスの人材のみが同行するため、機材はすべて現地で調達することになるが、この時、ローカルスタッフはテクニカルライダーをもとにプロダクションをまとめる。
オリジナルツアーチームの機材がカーゴ運送される中〜大規模の公演の場合は、現地で準備する内容だけでなく、オリジナルツアーチームがどのような機材を持って現地入りするのかに関しても詳しく記されていなければならない。例えば機材のサイズ、必要な電力量、認証（UL[*1]、CE[*2]などの国際安全認証）などがそうだ。
小規模の公演の場合、10ページ前後の短い文書にすべての内容が収まることもあるが、大型公演の場合は、説明する内容も多くなるため、文書を分けることになる。一般的な説明が書かれたテクニカルライダー、必要な機材リスト、各種図面（舞台、照明、リギング、舞台上の各装置の配置、インカム配置図など）、現地のスタッフリスト（通訳やアルバイトなど）に分け、これをひとつにまとめたものを、「テクニカルパッケージ」と呼ぶ。このパッケージを作るために、各パートの監督から基本的資料を受け取るが、整理をする際にも各プロダクションに対する全般的な理解が必要だ。テクニカルライダーは詳細かつ正確に記述されてこそ、現地とのコミュニケーションが効率良く円滑に回る。つまり手抜きしてしまうと、結局は現地から質問攻めにあう羽目になるわけだ。
作成の主体はオリジナルツアーチームのプロダクションマネージャーが行う。BTSツアーの場合（PLAN Aが手がけるほとんどのツアー）、PLAN AのPDたちが作成した。

*1 「アメリカ保険業者安全試験所」が認証を行う安全規格。
*2 EUの法律で定められた基準適合マーク。

蚕室メインスタジアムのセットアップは、早めの2018年8月16日から始まった。8月25、26の両日とも完璧なコンサートを作り上げるべく、6日間のセットアップ、1日のテクニカル・リハーサル、2日間のアーティスト・リハーサルまで十分に時間を確保した。

　セットアップは多少遅れたものの、予想していたよりはるかに順調で、粛々と進んだ。

　16日、舞台設置エリアに養生床材が敷かれ、その上にずっしりとしたスチールトラスの設置が始まった。

　17日、スプリンクラーが水しぶきをあげて芝生を潤していた午後、いよいよレールとトロリーが設置され、夜にはブレードが姿を現した。F9が入国し、メインスタジアムの控え室にはシミュレーションルームが設けられた。

　18日にはAステージがほぼ完成し、芝生保護の都合上まだ手付かずのB・C・Dステージは、スタジアム側と事前に交わしていた進入許可時間を待っていた。

　日中は相変わらず30度を軽く超える猛暑だったが、夜になると熱帯夜は去り、涼しい風が吹き始めていた。

　その時はまだ知る由もなかった――。ぼくらがちょうど機材の搬入を始めた16日の朝、はるかグアム沖で、台風19号 “ソーリック” が発生したという恐るべき事実を……。

　やがて、天気予報に「台風」という文字が行き交い始めた。誰もが「まさか」とつぶやきながら、それでも淡々とセットアップを続けた。

穏やかだ。穏やかだから恐ろしい

穏やかじゃない。穏やかじゃないから本当に恐ろしい

19日、ニュースでは次第に台風の話題が増えていき、「看板や設備の補強をしっかりと」という注意喚起のテロップまで登場した。「もしかしたらこのコンサートは開催できないかもしれない」という、かすかな恐怖感が漂っていた。

　20日、無情にもソーリックはさらに成長した。
　午後3時、台風対策をテーマに全スタッフで緊急会議を開く。（ぼくらはこの時間を"ソーリック・タイム"と呼んだ）
　結論として、ソーリックが今の状態のままの場合、すぐさま機材を全撤収すれば人的・物的被害を未然に防げるが、つまりそうなるとコンサートの開催は不可能だ。
　だがもし、ソーリックが弱まるか、急ぎ足で朝鮮半島を通過してくれれば、リハーサルはあきらめることになっても公演前までにはセットアップは間に合うだろうという話になった。

　21日、午後1時30分、"第2次ソーリック・タイム"が開かれた。風雨に弱い数々の機材の保護処置に入った。
　ソーリックは「23日にソウルを直撃する」と予想され、ぼくらは台風の弱体化に一縷の望みを託しながら、21日の夜更けまでかけてブレードを動かしながら、F9とプログラミング作業を続けた。その一方で、プログラミングと関係のない機材を一時撤収した。高い位置にぶら下げられていた重厚なスピーカーが地面へと降ろされ、やっとの思いで取り付けた数千枚のLEDもすべて外され、段ボールの中へと収まった。
　降ったり止んだりを繰り返す雨が、ただただ不気味だった。

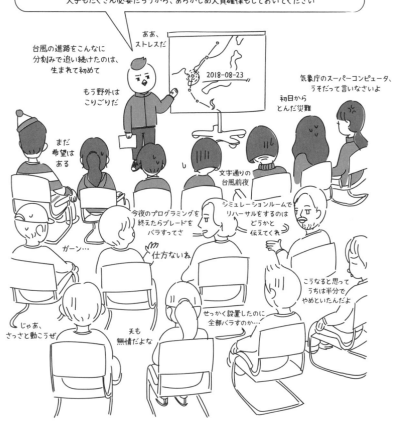

22日、吹く風は妙な殺気を帯び、空にはやたら黒い雲が垂れこめた。装備のほとんどが外されてしまった舞台はどこか痩せこけて見える。

　午後6時、第3次ソーリック・タイムが開催され、台風が無事に過ぎ去った状況を想定した作業再開スケジュールを組んだ。午後7時、超大型クレーン4台を借りてきて、スチールトラスに縛り付けた。ソーリックは北上速度を少しずつ落とし、ぼくらを余計やきもきさせた。

　23日、ソウルが台風の目に入ると予報された日。

　昼12時、現場リハーサルの代わりにアーティスト練習室で動線ランスルーが行われた。午後1時、会場で雨が降り始めたという連絡を受ける。午後5時、最新予報を参考に作業再開時刻を翌日の午後5時に延期する。午後6時、シミュレーションルームにてF9と韓国チームが集まり、全曲通しでモニター上で照明と映像を確認し、各パートの監督たちはキュー出しの練習をし合った。

　その日の夜、みんなの足取りは重かった。午後11時、スタッフのグループチャットに天気予報最新版を送り、窓を打ち付ける風と雨の音とともに眠れない夜を送った。

　24日、夢見が悪くて目を覚ましたぼくは、反射的に天気予報を検索した。

　奇跡が起きた。

　ソーリックは夜のうちに急激に弱まり、すでにソウルを去っていた。すべての天気予報は全部ハズれたのだ！　作業再開時刻は電撃的に前倒しとなった。つないでいた重たいクレーンもすべて無事に取り外された。スタッフたちも次々と集まり始め、会場の至るところで同時多発的にセットアップが再開された。

2018年8月24日、公演業界に足を踏み入れて16年目のあの夏の日、目の前には奇跡のような光景が広がっていた。ソーリックがすべての予報を覆し、静かに過ぎ去ったことも奇跡だったが、あんなにも大勢のスタッフたちがものすごいスピードで、それも一心不乱に働く光景も奇跡だった。

　気まぐれに降る雨の中、各社の社員が総出で目礼を交わしながら駆け回り、専門家である彼らがアルバイトスタッフたちを効率よく統率した。何よりKINTEXで一緒に監禁生活を送り、セットアップの内容を知っているツアー担当者たちが一斉に投入されたおかげで全体のセットアップ速度は驚くほど速かった。そしてF9も、彼らの仕事でもないFOHの配線作業を率先して行い、韓国チームとともにこの銃声なき戦争を戦った。

　セットアップ再開後12時間が経過したその日の夜10時頃、舞台の設置は8割方完了した。

　胸がいっぱいだった。
　すべての人員を惜しみなく投入してくれた各社の社長たちもありがたかったし、どうにかセットアップをやり遂げたということにも感激した。何よりも明日、公演が開催できるということが信じられなかった。
　高まる感情の台風が吹き荒れて去っていった、そんな夜だった。

承pt.2_巨大な始まり、ソウル蚕室メインスタジアム : 2018年晩夏

　知力、体力、魂まですり減らした8月24日の雨降る夜――。
　長い長い、最終セットアップ作業は翌朝まで続いていた。

　公演初日となる25日の朝7時、最初のテクニカル・リハーサルを行った。続いて朝9時、音響チームに時間を割いた。音響チームはこの時ようやく、出力を最大限にしてチューニングすることができた。

　午後1時、公演開始を5時間半後に控え、アーティストが初めて舞台リハーサルを行った。時間の都合上、ランスルーは最初からあきらめ、代わりにサウンドチェックを兼ねたグループ曲数曲と、ソロ曲をやってみることにした。
　KINTEXで全曲の練習はしておいたものの、蚕室メインスタジアムという広大な舞台でアーティストとダンサーの動線に微修正を入れたりしていると、どうしてもリハーサルは押し気味になり、予定の客入れ時間から20分が経過していた。

　これ以上観客を待たせるわけにはいかず、現場リハーサルは完全とはいえないまま中断するほかなかった。現場でのランスルーを一度も行うことなく本番に臨んだのは、PLAN AとBTSの公演史上、後にも先にもこの一回きりだった。

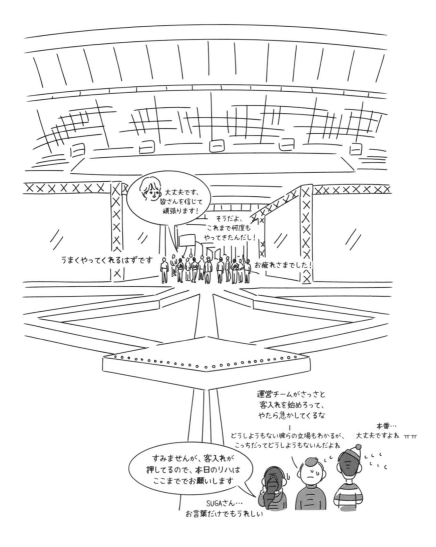

午後4時——公演開始の2時間半前、客入れを開始した。

　4万5000人余りの観客が広大な蚕室メインスタジアムをびっしりと埋め尽くした。整然と並んだ人影のざわめくその場面だけでも、すでに圧巻だった。

　演出の立場からすれば、暗がりで公演を行ったほうが、観客の舞台への高い没入度が期待できる。暗いからこそ、照明や映像がより鮮やかに映えるし、暗転も効果的に行えるので、公演のダイナミックさを存分に際立たせることができるからだ。

　しかし野外公演の場合は、"日没"という自然の法則に従うしかない。

　それに加えて、"人間界の法則"にも従わなければいけない。

　会場の規定により午後10時までに公演を終了させなければならないことや（爆音を流すコンサートという性質上、深夜まで続けると通報される）、3時間に及ぶ本公演の上演時間、大観衆の入退場が遅れる可能性、そして公共交通機関などの時間を含む観客の帰宅時間などから逆算すると、開演時刻は午後6時30分より後ろに遅らせるわけにはいかなかった。

　だが8月末、晩夏とはいえど依然として日が長い時期だ。開演時間が差し迫っても太陽はまだ舞台のはるか後方で輝いていた。そして、あの台風がウソのように、雨も降らなければ風も爽やかだった。

紆余曲折の末に組み上がった舞台はとてつもなく巨大だった。全長55メートルのスチールトラスがAステージをしっかりと支え、最後方には48台の照明がぶら下げられていた。その手前には照明を通過させるLEDが、横18メートル×高さ10メートルの存在感で鎮座している。

　さらにその手前はこのセットの主役、4ペア計8枚の台形ブレードからなるキービジュアルだ。

　最後方の横1.5メートル×高さ2.5メートルの一番小さなブレードから、最前列の横3メートル×高さ10メートルの一番大きなブレードまで、LED、照明、電飾をつけたこのブレードが、多彩な動きや回転を見せながら様々なシーンを作り出す。（ぼくらはこのブレードを後ろからナンバリングし、下手側をA、上手側をBと呼んだ。よって一番小さなペアが1A、1Bで、一番大きいペアが4A、4Bブレードとなる）

　動きはしないが、ブレードのデザインを受け継いだ横7メートル×高さ14メートルの大型LEDには5A、5Bと名前をつけた。

　その両サイドには、メインステージと客席との距離をカバーする横17メートル×高さ14メートルの超大型IMAGがそびえ立つ。（その広大な距離を反映させ、高尺ドームの時の16メートル×9メートルより1.65倍以上面積を広げた）

　また、楕円形の蚕室メインスタジアムに細長く舞台を設置しているため、左右にかなり遠くなった客席との距離をカバーすべく、IMAGの外側にも30メートルを超える長いウイングステージを採用した。

さらにAステージには、奥から順に、3人搭乗用のAリフト、4人搭乗用で電飾ボックスをつけたBリフト、7人の入退場用のCリフトを舞台に埋め込み、大型LEDの5ABとIMAGの前には、Eリフト6台をはめ込んだ。

　Bステージへ続く花道は3本ある。
　中央の動線は27メートルの一直線で（その地下にはアーティストがA‐Bステージ間を素早く簡単に移動できるように7人乗りの台車とレールを設置した）、その直線の花道を包み込む、V字を2つ向かい合わせたような＜＞形の両側の動線は、グループでの曲の時に7人のアーティストを効率よく分散させ、豊富な動線を生み出す。

　ひし形のBステージ中央にも、7人の入退場用のDリフトがある。このBステージの手前から45メートルの長いレールが敷かれ、そのレールに沿ってBTSのロゴをかたどったCステージが前後に動き、アーティストを乗せてDステージまで運ぶ。

　A、B、Dステージのすべてのへりにはそれぞれ電飾が整然と2列に並び、光を発する。

　一方、スタジアムのトラックに沿って4本のディレイ・タワーを立てた。ここにスピーカーをつけることによりスタンド席にいる観客の音響のズレを最小限にする。また、ディレイ・タワーには会場全体を彩る照明や、アーティストを照らし出すスポットライトも設置した。

FOHにて

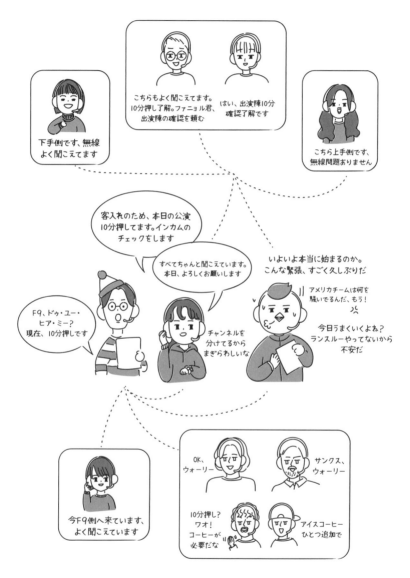

こちらもよく聞こえてます。
10分押し了解。ファニョル君、
出演陣の確認を頼む

はい、出演陣10分
確認了解です

下手側です、無線
よく聞こえてます

こちら上手側です、
無線問題ありません

客入れのため、本日の公演
10分押してます。インカムの
チェックをします

すべてちゃんと聞こえています。
本日、よろしくお願いします

いよいよ本当に始まるのか。
こんな緊張、すごく久しぶりだ

アメリカチームは何を
騒いでるんだ、もう！

F9、ドゥ・ユー・
ヒア・ミー？
現在、10分押しです

チャンネルを
分けてるから
まぎらわしいな

今日うまくいくよね？
ランスルーやってないから
不安だ

今F9側へ来ています、
よく聞こえています

OK、
ウォーリー

サンクス、
ウォーリー

10分押し？
ワオ！
コーヒーが
必要だな

アイスコーヒー
ひとつ追加で

ステージの中央にずらりと並んだBTSの白いロゴが気高く輝く
ブレードの姿は、この公演を印象づけるプリセットだった。

　オープニングVCRで公演は幕を開けた。
　メンバー７人のシルエットと一人ひとりの顔が映し出されるた
びに、会場には４万5000人の黄色い大歓声が響き渡った。映像に
合わせて火薬が立て続けに爆発して雰囲気を盛り上げる。

　一曲目の「IDOL」♬の前奏が始まると、ステージ手前にずらりと
設置した左右100メートルに広がる26本の火柱が勢いよく立ち昇
り、ブレードは黄金色に輝きながら左右に分かれていく。
　ここで再び火薬を爆発させて緊張感を持たせると、満を持して、
アーティストの登場だ。ゴールドの刺繍が施された黒い衣装に身
を包んだ７人が、リフトに乗って現れる。「IDOL」♬は公演前日に
発売されたばかりの曲にもかかわらず、ファンたちの完璧な歌声
がスピーカーをも圧倒した。
　最後のコーラスでは白い服を着た70人のダンサーとのパフォー
マンスを披露し、ついに〈LYツアー〉の大行軍が幕を開けた。

息を弾ませながらあいさつをした後は、「Save ME」♬のショートバージョンと「I'm Fine」♬をつないだ1.5曲分の長さの曲が続く。この2曲はそれぞれ赤系統と青系統のビジュアルで対比させ、「I'm Fine」♬の出だしでVが寝そべり空に向かって歌うシーンでは、彼の頭上に設置したトップカメラでその様子を映し出した。

続くトークで、「この巨大な会場を埋め尽くしてくれたARMY」に対する感謝の気持ちをそれぞれが語った後、「Magic Shop」♬の前奏が流れる。メンバーたちは張り出しステージとウイングステージを練り歩きながら、ARMYのために書いたこの曲を、ARMYの前で、ARMYとともに歌う。

BTSのロゴマークの形で立ち並んでいたブレードは、メンバーたちがリフトで退場する間、彼らの背後で180度回転すると、ARMYのロゴに変わった。

PLAN Aが考えたキューシートにしては異例だが、今回は、オープニングパート3曲の"合間合間に"トークを挿入した。（たいていオープニングでは最低2曲、多くて3曲を立て続けに歌ってテンションを引き上げているのだが）

公演全体で4回しか入れないトークが、序盤ですでに2回も配置されているのはメンバーたちの体力を考慮してのことだ。

気温20度以上、最悪30度にまで達しそうな勢いの8月の野外環境を鑑み、激しいダンスを伴う曲の間にトークを差し込んで、彼らが息を整えて次の曲に臨めるようにした。また長い目で見れば、連続公演が多い今回のツアーの今後を考慮した措置でもあった。

ホープさんはBステージで
2番を歌い終えたら、
ビートが絞られてる間に
Aステージに戻ります

ビートにクラップを入れて、
観客の反応を一気につかんで
音楽が盛り上がったところで
特殊効果もたっぷり使います

ググっと
詰め込んで
ぶっ放すよ

GOLD

盛り上げ名人といえば
J-HOPEでしょ

ところでリフトが上がるときに
デンブ入ってもOKですよね？
＊1

金色のテープと紙吹雪を
ド〜ンと！

ああ、「ヌッキョッソ、
ベェイベ」の時ですね

お任せください、フフフ

　「起」をテーマとしたVCRの後は、スーツに着替えたJ-HOPEのソロ「Trivia 起: Just Dance」♬だ。ARMYのロゴが左右に分かれると、J-HOPEが広々とした白いアクリルボックスの上に立っている。曲の1番の後半部分では、Bリフトにより高く持ち上げられたアクリルボックスの上でダンスブレイクをするJ-HOPEの姿を、レーザーとライトが照らし続ける。

　リフトが下がると、彼はBステージまでしなやかに歩き出す。この公演で初めてBステージでのパフォーマンスを披露したJ-HOPEは、観客とともにビートに乗って拍手をあおる。金色のテープと紙吹雪が一斉に放たれるエアーショットを全身に浴びて、最後のコーラスを華やかに締めくくった。

＊1　デンブ。「댄브」。ダンスブレイク（댄스 브레이크）の略で、曲の間奏で踊ることを指す。

J-HOPEが使ったリフトの前をダンサーたちが覆い隠すと、「ユーフォ〜リア」という歌声に合わせ、JUNG KOOKがリフトで上がる。ダンサーが左右に広がると、白いスーツに身を包んだJUNG KOOKが現れて、彼のソロナンバー「Euphoria」🎵が始まる。

　「カシャッ」という効果音はレーザーでその瞬間を強調した。まるで連写撮影みたいな残像を表現したJUNG KOOKとダンサーたちのパフォーマンスでは、JUNG KOOKに添い続けるようなVJをブレードに映して表現したのだが、映像の中のJUNG KOOKもこの公演のために撮影したものだ。曲に合わせた映像は、ブレードと5ABだけでなく、IMAGにもその領域を広げつつ、いくつもの巨大なLEDを一枚のキャンバスとして活用した。

公演5日前、駆け足で撮影

2曲のソロナンバーの後には再びグループ曲だ。

「I NEED U」♬と「RUN」♬をつなぎ合わせ、全員が自由な動線でステージの隅々まで練り歩いた。

　観客が総立ちで合唱した「RUN」♬のブリッジパートが終わる頃には、野外スタジアムのために準備した秘密兵器、30台のウォーターキャノンが50メートルもの高い水しぶきを噴き上げた。

　各種火薬、エアーショット、大小の火柱、スモークなど、この公演にはあらゆる特殊効果を取り入れたが、その中でもひときわ映えたのが、このウォーターキャノンだった。Bステージ周辺にも設置し、フロア全体の観客を楽しませたのと同時に（実際フロアの観客は霧吹きでシュッと水を吹き掛けられたような感じがする）、遠くから見ても、きれいに並んだ水しぶきが勢いよく噴き出す様子が実に壮観な演出だった。

　"夏"の"野外"、そして"大型"コンサートだからこそ使えるウォーターキャノンは、ファンたちの夏の夜を涼やかに彩った。

次のテーマである「承」を表現したVCRが上映された後、JIMINのソロナンバー「Serendipity」♩が続いた。

　会場は夕闇に包まれ、4万5000個のアーミーボムがその光を鮮明に浮き上がらせていた。神秘的な導入部が始まると、自動制御されたアーミーボムの青い光が会場全体に柔らかく広がっていった。優雅なダンスが引き立つこの曲に合わせて、ブレードはそっと左右へと分かれてJIMINに場所を明け渡す。200台からなる照明が左右から彼を美しく照らし出し、レーザーに反射されたシャボン玉がキラキラと光り輝き、空へと飛んでいく。

うわあ、優雅だ

ダンスセンス最高!

これを見てる私の目が尊い

ブレードの照明200基が本当にきれいですね
それにしても今日はなぜこうも順調なの?

優雅すぎるね。さすがダンスの天才

く〜……

VJも優雅で涼しげですねぇ
問題がないのが問題の気がするんだけど

続くRMの「Trivia 承: Love」♬は、多分に彼のカリスマありきの曲だ。

演出案の初期段階から、「フェスでステージを練り歩くみたいに自由にやりたいから、大がかりな装置は特になくてもいい」という、RM自身の意見が反映されたこともあるが、RMの専売特許ともいえる堂に入った動線（AステージからBステージに向かって堂々と歩きながら観客を魅了する動き）や、まるでスタジアムコンサートの常連みたいに堂々としたその身のこなしを見ていたら、なぜ彼がそんな提案をしたのかが納得できた。

リーダーのカリスマ

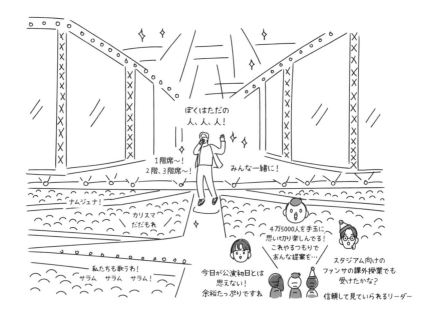

RMの「Trivia 承: Love」♬の曲終わりにBステージに合流した残りの6人は、魅力的な表情とアグレッシブなダンスが共存する「DNA」♬の準備に入る。ブレードは照明面が表を向いてAステージを埋め尽くし、イントロの口笛の音を照明がキリリと引き締める。夜のとばりがすっかり下りた会場で、アーミーボムがいっそう華やかに輝く。

　続くトークでは、JUNG KOOKの誕生日を前祝いしようという意味で、スタンドの3階席にアーミーボムで「HAPPY JK DAY」の文字が描かれた。

　次のメドレーは、まだまだ聴かせたい曲が多い彼らと、聴きたい曲が多すぎる観客たち（特に両日訪れる観客）のために、それぞれ5曲ずつひとくくりにしたA、Bバージョンのメドレーを毎日ひとつずつ披露した。
　約12分間のこのメドレーを歌う間、メンバーたちはCステージに乗ったままDステージへ移動し、遠くのスタンド席の観客たちと歌い踊る。
　彼らがAステージに戻り、初公開となる「Airplane pt. 2」♬まで歌い終わると「轉」のVCR鑑賞パートとなる。アーティスト、観客、スタッフにとっては息を整える時間だ。

続くVのソロナンバー、「Singularity」♪では多様な動線がある。

まず、ステージの一番奥のAリフトに乗ってVとトルソーが登場する。Vが3歩前進するとダンサーたちが合流し、さらに5歩進むと仮面を手にしたダンサーたちが合流する。その時すぐ手前のCリフトが、さらに4人のダンサーを乗せて持ち上がる。Vがこの4人の間を歩き、一輪の花を受け取ると、再び仮面を手にしたダンサーたちが登場して、仮面をひとつVに手渡す。受け取った仮面を投げ飛ばしたVは、ダンサーとともにパフォーマンスを披露する。

切ない表情を浮かべてスタジアム中を釘付けにするVを、誰もが静かに、我を忘れて見つめる。

大人セクシー

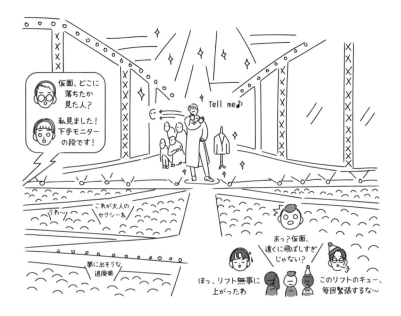

「Singularity」♬のムードをダークな雰囲気の「FAKE LOVE」♬が引き継ぐ。この曲の見せ場は、JUNG KOOKが放つ、その名も"カソファ"だ。（これは正式用語ではなく、PLAN Aが内輪で使っている用語だが、"카메라로 쏘는 화약（カメラで撃つ火薬）"の略で、中継カメラで特定のショットを押さえ、それを見た観客にまるで華麗な火花を見た時のように歓声を上げさせる方法を指す）

JUNG KOOKがダンス中に上着をさっと持ち上げる動作をした瞬間、彼の腹筋がちらりと見え、会場はどんな特殊効果を使った時以上の大歓声が沸き上がった。（これは全世界共通のこと）

VCRの後は、このコンサート一番のギャップ・ポイント、SUGAのソロナンバー「Trivia轉: Seesaw」♬だ。

ブレードが中央に集まり通路を作ると、その奥でSUGAがソファに寝そべり歌いながら登場する。SUGAはラップを口ずさみ階段を下りると、なんとダンサーたちと踊り始める。

SUGAのソロステージといえば、誰もがゴリゴリのラップのみの姿を思い浮かべるところに、彼のダンスが披露されたのだ。これには観客も意表を突かれた。

自分の目を疑った

数カ月前、練習室

あれ…
ダンス曲?

寝そべって始まり、
寝そべって終わるのは、
本人のキャラクターを
反映したのかな

長生きしてみる
もんだなぁ

あれ

ベンチを滑るの
すごいなぁ。
おちゃめさんか?

ソロステージのアンカーをつとめたJINの「Epiphany」♬は、演出のアイディエーションで最も苦労した曲だった。

　ぼくらは"ピアノの前にいるJINがAリフトに移動する理由と方法"に対する答えを実に長い間、ひいては台風の状況下にあってもひたすら考え続けていた。

　ミュージカル『オペラ座の怪人』に登場する地下洞窟のイメージで飾られた黒いピアノに座ってステージ下手に登場したJINは、1番はピアノに座って弾き語り、2番が始まるとマイクを手に中央へ歩き出す。その時JINの背後には、巨大な2枚のブレード（4A、4B）が並び、二人のJINが向かい合い、互いを見つめている映像が映し出される。

　2番まで歌い終え、「カチャッ」という音とともにJINが意味ありげな表情を浮かべると、映像の中で降っていた雨は、時が逆戻りするかのように再び空へと上がっていく。

この歌は曲名からして難解だ

でもありのままの　　ぼくがぼくであること

バラードの演出は
本当に難しい

ここまでは
それっぽい
ウォーリー、すごい、
よく頑張ったね

「Epiphany」♬の
構成案だけでも
公演1本作った気分ですよ

ブレードがゆっくりとオープンし、JINのための道が開く。ステージの背景には白い雲が浮かび、まるで天界に来たような神々しさだ。JINは階段をゆっくりと上り、ブレードのど真ん中に立って観客のほうを振り向くと、最後のコーラスを熱唱する。真っ白な紙吹雪が舞い散り、最後に映像の中の白い雲が（〈THE WINGS TOUR〉で披露した彼のソロナンバー「Awake」♬を連想させる）白い羽の模様に変化し、壮大なバラードが幕を閉じる。

　終始黄色い声にあふれていた会場だったが、この曲の最後には、まるでクラシックコンサートを聞いた後のように厳かな拍手だけが鳴り響いた。

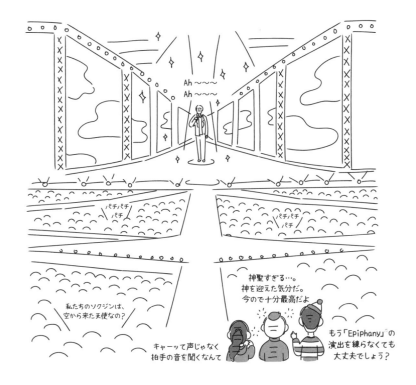

後方のリフトからJIMIN、V、JUNG KOOKが登場してJINと合流すると、4人は階段をゆっくり下りてBリフト上の立ち位置につく。多くのスタッフがベストソングに挙げた「전하지 못한 진심」^(チョナジ モッタン チンシム)だ。LEDには専用カメラで4人それぞれを抜いた4分割のショットが映し出される。Bリフトが彼らを高く持ち上げると、会場には白とピンクの花吹雪が一斉に降り注ぎ、切ないバラードをより一層盛り上げる。

　公演はいよいよ大詰めに差し掛かる。
　ラッパー3人が繰り広げる「Tear」♬はBステージから始まる。レーザーが会場をゆっくりとなめるように照らすイントロに続いて、メンバーたちが登場する。ビジュアル的な見せ場はグリーン、ブラック、ホワイトだけで表現し、高く噴き上げられる赤い火柱が唯一のアクセントだ。曲そのもののエネルギーも強かったが、何よりも"キレ味の鋭い"ラッパー3人の存在感だけで、ほかの演出など特に必要なかった。スラッガーには作戦を立てず、本人に任せる野球監督の気持ちとでも言おうか。もちろんこの3人のスラッガーは、スタジアムを完全に自分たちの空気に変えてみせた。

「Tear」♬は、本公演のラストナンバーである「MIC Drop」♬へ続くステップであり、最後の「MIC Drop」♬で会場のテンションは一気に最上階まで駆け上る。

「MIC Drop」♬のカラーはレッド、ブラック、ホワイトで仕上げた。照明面がすべて客席側に向けられたブレードが中央にUFO型に集まり、これでもかというほどのマジックドット照明がギラギラと強い光を放つ。IMAGによる強烈な臨場感とあちこちに設置された火柱と火薬が花を添えた。

6分のアンコール待機時間と90秒間のVCRという、計7分30秒の休憩後、メンバーたちは再びステージに上がった。

　最初の曲「So What」♬では、ウォーターキャノンと大量の火薬が火花を散らしてアンコールに応えた。次の「Anpanman」♬では、メンバーたちがキュートなダンスをしている間、多連発火薬とエアーショットを連発し、この華麗なイベントを印象付けた。澄んだ夜空では、明るく輝く満月がぼくらを照らしていた。

　キラキラと輝くアーミーボムを背に記念写真を撮り、それぞれ最後のメッセージを伝える。（2日目、RMは「みんな、ハグしようぜ」と、メンバーたちへの愛をのぞかせた。彼らはきつく抱き合って、すぐに照れてふざけ合った）

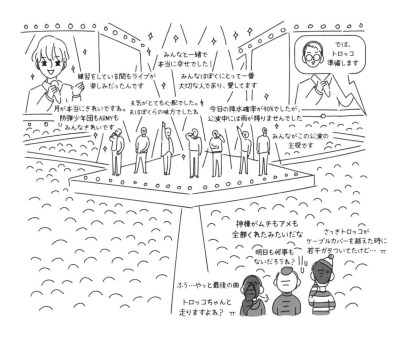

アンコールを締めくくるのは「Answer: Love Myself」♪だ。

メンバーたちはCステージに乗ったままDステージへ移動すると、Dステージの端で3人と4人に分かれトロッコに乗り込む。4面にLEDをあしらったトロッコのうち、一台はBTSのロゴが、もう一台はARMYのロゴが描かれていた。(ぼくらはそれぞれ"BANGTAN車""ARMY車"と呼んでいた)

トロッコはメンバーたちを乗せ、スタジアムを一周してAステージで降ろす。Aステージでは、公演開始前と同じくブレードが整然と並び、BTSのロゴを輝かせながら彼らを待ち構える。

出演陣とともに最後のあいさつを交わし、BTSが退場した後も、エンディングクレジットのBGMである「Magic Shop」♪を観客たちが声をそろえて歌い続けた。

こうして、初日の公演は無事終了した。

公演終了後、メンバーとミーティングを行った。修正事項を整理して各担当に伝達し、F9とのミーティングを終えると、寝たのか寝てないのかわからないまま朝を迎え、再び蚕室に出勤した。

2日目の本番前にもやはり雨が降った。大慌てで防水シートをかぶせたが、コンサートが始まろうとする頃には、うそのように晴れた。

そしてコンサートが終わり撤収作業を始めるとまた雨が降り始め、その雨は撤収をすませる28日まで、うんざりするほど降り続いた。

撤収作業が始まるのを確認したぼくらは、F9と濃密な打ち上げを行った。三成洞の"イザカヤ"に集まったPLAN AとF9は、ソメクを浴びるほど飲み、コンサートでかけた歌を口ずさんだ。果てしなく長かったプリプロダクション、台風による緊迫した蚕室の現場まで、すべての困難を無事乗り越えて芽生えた固い友情だった。

　数時間後の月曜の朝には飛行機に乗って出国するF9だったが、その日だけは無理を押してぼくらと酒を酌み交わしたのだった。

　月曜日、ぼくは本気で一日中寝ていた。

　火曜日にはマネージメント会社とツアー演出についての会議を行い、水曜日は荷造りをし、夜は父の法事に参加した。

　現実というものは、ぼくらに休息を与えなかった。

　早々に送っておいたカーゴが無事に到着することを祈りながら、木曜日に仁川国際空港へ向かったぼくらは、"The show must go on"という格言を胸に、ロサンゼルス行きのKE017便に乗り込んだ。

＊1　ソメク。「소맥」。焼酎とビールを混ぜたもの。韓国のお酒の飲み方のひとつ。

轉pt.1_息弾む疾走、北米〜欧州アリーナツアー : 2018年秋

2018年8月30日——。

韓国の各監督たち（オリジナルプロダクション）とアメリカ側のプロダクションスタッフ、韓国から送った**カーゴ**や現地手配分の機材がすべて一堂に会する、アメリカでのプリプロダクションが始まった。

30日の午前10時、長時間のフライトでくたくたになりながらロサンゼルス空港に到着した先発隊は、長い入国審査を終え、プリプロダクションのベニュー（開催場所）があるロサンゼルス（以下、LA）の東側、オンタリオに向かった。

ホテルに荷を下ろしてすぐ、CBBアリーナに移動。ひどい時差ボケの中、韓国・アメリカの各パートの監督たちとミーティングを行い、午後4時30分、韓国から無事に到着したカーゴを黙々と降ろし始める。F9も到着し、演出ミーティングを始める。

31日の朝、韓国チームの作業が本格的に始まる。

9月1日の夜、セットアップが終わって夕食に向かうと、韓国スタッフの食欲を刺激したのか、ケータリングのカルビチムはカルビだけが食べ尽くされて大根とニンジンしか残っておらず、韓国スタッフのグループチャットに軽くクレームを入れておく。

2日、最終プログラミングを終えた後、機材はすべて、初公演地となるLAへ運ばれた。

カーゴ（Cargo）

本来の意味は、貨物船・貨物機などの積み荷を指すが、公演用語ではオリジナルツアーチームが「ツアー中、常に持ち運んで使う機材（の積み荷）」のことを指す。世界中どこでも比較的容易に入手可能な機材は、その国ごとに現地プロダクションを通じて調達すれば良いが、入手困難な機材が必要な時は最初からカーゴを計画しておく。大型ツアーの場合、オリジナルの演出を実現するためカーゴを組むことがよくある。

カーゴの分量を選定する際には以下の基準を総合的に（というと少々あいまいだが、ここでは"総合的に"という表現しか見当たらない）考慮しなければならない。

① 必要不可欠な演出のための機材であるか。
② アーティストの安全に直結していたり、パフォーマンスに最適化された機材であるか。（例：単純な入退場用ではなく演出用リフトなど）
③ この公演のためだけに作ったカスタム機材であるか。（例：ブレードのように照明、映像、イルミネーションなど、複数のチームの機材が複雑に絡み合った機材）
④ 現地で同じように作れるとしても、そこで作り直すのにかかる時間と費用や、万が一失敗が起きた場合のリスクを負担するより、運送費を負担して運ぶほうが現地とオリジナルチームの両方に有益な機材であるか。
⑤ 現地の安全基準を満たすことのできる機材であるか。（特にアメリカ、ヨーロッパ、オーストラリア）

海上輸送するカーゴは、幅2.3m、高さ2.4m、長さ12mのスチールコンテナに積み込むが、コンテナごとに運送費が発生し、同じ荷物でも機材をどれだけうまくパッキングするか（別名"テトリス"）によって積み込める量が異なる。したがって、各チームからの機材が、規格化された段ボールに効率よくパッキングされていることが重要だ。海上カーゴは運送費が比較的安い分、届くまでに日数がかかる。
航空輸送するカーゴは、重量規定と体積規定のうち、より高い金額のほうで課金される（一般的には体積規定で課金される）。海上カーゴに比べてはるかに高いが、断然速い。少量なら旅客機の貨物室を、貨物室で間に合わない場合は貨物機の一部を利用するが、航空での輸送量が圧倒的に多い場合は、まとめて貨物機をチャーターすることもある。
運送チームは、機材の積み込み〜内陸運送〜輸出通関〜国際運送〜輸入通関〜内陸運送からコンサート会場への配送まで、そしてツアー終了後はこの逆の流れで、各チームに返却されるまでの運送の全過程を総括する。何よりも定時配送は運送チームの命だ。

これだから運送チームの
リッキーさんを
愛さずにいられない

費用も抑えつつうまくやろうとすると
本当に難しくて、キリがありませんよ

3日、オンタリオからLAへ移動し、韓国からも後発隊が全員到着した。北米初日の都市であるLAには、サポートスタッフが4人追加され、計41人が集まった。

　時差のためか、翌日に備えてか、ホテル内もグループチャットもしんと静まり返っていた。

　4日、午前5時、あのマジック・ジョンソンとコービー・ブライアントの汗が染み込んだ、LAにある室内競技場、ステイプルズ・センターに足を運ぶ。

　まず最初にフロアマーキング（あらかじめ床にチョークでしるしをつけ、そこにモーターをつけてトラスなどを吊り上げるといった、リギングのためのホールセットアップの第一段階）から始める。

　午前9時、オンタリオから韓国のカーゴが到着し、諸問題をクリアしながらセットアップが行われる。アリーナツアーの最初の都市だという韓国チームのはやる気持ちを知ってか否か、ローカルチームのノンビリした動きは、ぼくらの心をヤキモキさせた。

　その日の深夜0時を回る頃、ようやくセットアップが終わると、間髪入れず照明と映像のプログラミング作業に入った。ほぼ徹夜で迎えた公演当日の9月5日の朝、テクニカル・リハーサルを行い、正午、アーティストのリハーサルが始まった。

　蚕室メインスタジアムの広大なステージと比べて随分と小ぶりになったステージ（左右ウイングとC・Dステージが割愛され、A・Bステージも小さくなった）に、出演陣が体をなじませる時間だった。

　新しい動線を一回だけ、迅速にリハーサルする。

2時間30分もの時間を費やした客入れ（特にアメリカは手荷物検査が非常に厳しく、入場前に時間がかかる）の後、ようやく初公演が始まった。

　幸いにも、目立ったトラブルもなく公演は無事に終了した。照明やカメラマンなど、ローカルスタッフと初めて本番に臨んだパートだけあって、確かに課題も残ったが、残りのツアー期間中に少しずつ発展していくだろうという手ごたえは得られた。

　最初の2公演が終わり、夢のような丸1日のオフ。スタッフのためにコインランドリーと部屋をシャトルバスが往復していた。

　3公演目の開始前、次の都市であるオークランドの図面を広げ、韓国とアメリカの両スタッフが集まってミーティングを行った。その後、韓国チームは別途集合して、12月以降のアジアツアーの日程と、予想される大きな演出の変更、それに伴う機材内訳の発表を行った。

　LA最終公演となる4公演目の開始前、撤収順序を事前に確認するミーティングを行った。

　4公演が無事終わり、撤収作業は翌月曜日の朝4時まで続いた。そして午前9時、全員が空港行きのバスに乗り込みオークランドへと向かった。F9はアリーナ・バージョン制作の任務を終え、ニューヨークのシティ・フィールドでの再会を約束して、それぞれの家路に就いた。

移動中、オークランド空港に到着してホテル行きのバスが出発したものの、なんとリチャードを空港に置き去りにしてしまい、もう一度空港に引き返すというハプニングもあった。

　たくさんの人員を率いながらバスに乗せ、飛行機に乗せ、そしてまたバスに乗せ、ホテルのキーとパーディアムを配ったりと、月曜日が慌ただしく過ぎていき、火曜日の早朝からは、再び、オークランドのセットアップの始まりだ。

　たった一回きりのオークランド公演。無我夢中のまま公演を終え、セットアップ終了後からまだ24時間も経っていない装備を撤収すると、翌木曜日の朝は脇目も振らず空港行きのバスに乗り込んだ。

　金曜日はテキサス州フォートワースでセットアップだ。いつもなら朝の9時に韓国からの機材を降ろしてセットアップを始めるのだが、この日はオークランドから遠路はるばるやってくるトラックが、午後3時を過ぎてようやく到着したため、ぼくらは超特急での作業を余儀なくされた。

ところで、運命をともにするぼくら"Cパーティー"37人の間で、業務内容や伝達事項をリアルタイムでやりとりする「Cパーティー・グループトークルーム」があるのだが、このルームは、通知を知らせるアラートが四六時中鳴り止まない。そんな中、たまに間違えて送信されるごく私的なメッセージは、業務内容一色のお堅いトークルームに笑いを添えてくれる貴重な存在でもある。

この日以降、彼は「ヤボ」と呼ばれる。[*1]

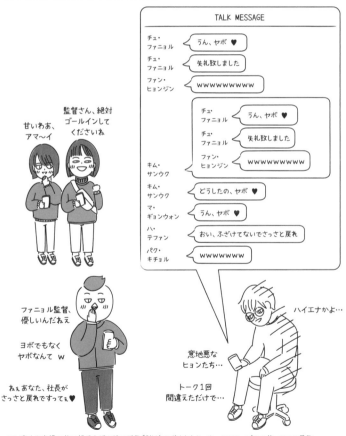

TALK MESSAGE

チュ・ファニョル　うん、ヤボ ♥
チュ・ファニョル　失礼致しました
ファン・ヒョンジン　wwwwwwwww

チュ・ファニョル　うん、ヤボ ♥
チュ・ファニョル　失礼致しました
ファン・ヒョンジン　wwwwwwwww

キム・サンウク
キム・サンウク　どうしたの、ヤボ ♥
マ・ギョンウォン　うん、ヤボ ♥
ハ・テファン　おい、ふざけてないでさっさと戻れ
パク・キチョル　wwwwwww

甘いわあ、アマ～イ

監督さん、絶対ゴールインしてくださいね

ファニョル監督、優しいんだねぇ

ヨボでもなくヤボなんて w

ねぇあなた、社長がさっさと戻れですってぇ ♥

ハイエナかよ…

意地悪なヒョンたち…

トーク1回間違えただけで…

＊1　恋人や夫婦の仲で相手を呼ぶ時の呼称「여보（ヨボ）」をもじった、このカップルで使っている愛称。

フォートワースでの公演を終え、月曜日はカナダのハミルトンに移動する。会場脇のホテルだったので、ホテルにいながら現場での無線が聞こえ、絶えずセットアップ状況が確認できて助かった。

木曜日の公演の後、丸1日のオフ。急に気温が下がったこともあり、スタッフたちは急きょダウンコートを現地調達する。

ハミルトンの公演では、ブレードをカナダ国旗のモチーフであるカエデの形に作るサプライズも行われ、カナダのファンを感動させた。日曜日の公演までを終えて、月曜日にはアメリカに戻り、ニュージャージー州の最大都市、ニューアークに移動する。

ニューアークでの2日間のオフの間に、韓国からB班がやってきて合流した。A班、B班総出で、木曜日はセットアップ、金、土曜日は公演を行った。A班がこれまでに蓄積したノウハウや演出の変更点などを、B班にそっくり伝授する3日間となった。

地獄へようこそ

すでにしっかり訓練ずみのB班にA班のノウハウまでが加わった
ことで、ニューアーク公演は余裕を持って行うことができた。全
員一緒に記念写真を撮ったり、散髪もようやくできた。

　ニューアーク公演直後の9月30日の日曜日——。
　A班とB班が全力疾走する地獄区間のスタートだった。PLAN A
も人員を分け、ぼくとウォーリー、ジミン、ヒョミン、ソリムPD
はA班のスタッフと一緒にシカゴに向かい、ヒナ、オルム、ベッ
キPDはB班のスタッフとニューアークに残り、後日ニューヨーク
で行われるシティ・フィールド公演の準備を行った。
　マイケル・ジョーダンゆかりのシカゴ・ユナイテッドセンター
で公演を終えた翌日の木曜日、ウォーリーとジミンPDは、ロンド
ンでのプリプロダクションのためひと足先に出発し、ぼくとヒョ
ミン、ソリムPDは、A班とともにシティ・フィールドスタジアム
に合流した。シティ・フィールドのセットアップを行っていたB班
は、ぼくらに状況を伝えるとただちにロンドンに向けて出発した。

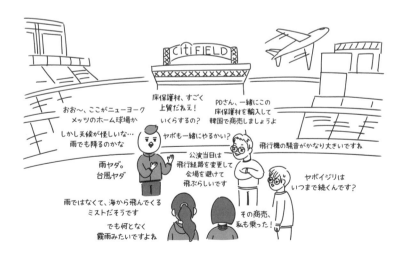

北米ツアーの最終地、ニューヨークのシティ・フィールド公演は、「韓国人アーティスト初のアメリカスタジアム公演」という称号で、K-POPのコンサート史にその名を刻んだ。

　LAからシカゴまですべてのアリーナツアーで吹き荒れた完売の嵐は、シティ・フィールドでも巻き起こった。
　その約10日前、ニューヨークの国連本部でRMが見せた胸に迫る演説の影響もあり、ツアーの熱気は最高潮に達していた。

　シティ・フィールドの舞台は、8月の蚕室メインスタジアムのスタジアム・バージョンと、これまで行ってきたアリーナ・バージョンの中間のスタイルでデザインした。（そのため、照明と映像を整える必要がありF9を呼び寄せた）
　シティ・フィールドは、楕円形の蚕室メインスタジアムとは違い、扇形の野球場であるため、C・Dステージを割愛する代わりに、ウイングの長いAステージと、気持ちいいくらいに広々としたBステージを設置した。ただ、球場側の細かいレギュレーションによりあえなく省略することになった演出があったことは心残りである。だが一方で、次のツアーのための良い予行演習ともなった。

　メンバーたちは、久しぶりのスタジアムでの動線を練習する短いリハーサルにも素早く適応し、無事に公演を終えた。
　最後のあいさつでは、JIMINが熱い涙を流した。

　疲れすぎて倒れてしまわない程度の休息日を合間合間に挟んだ北米での38泊39日を終えると、その次は休みなし、13泊14日ぶっ通しのヨーロッパツアーに突入だ。
　2018年10月7日午後10時――、ロンドン行きUA940便は、ニューアーク空港を離陸した。

お話はそのくらいにして、
そろそろ行きましょうよ

「終わるまで
†終わりじゃない」
あのヨギ・ベラが、
よりによって
NYメッツ監督時代に
言ってるんだよね

ぼくらの運命を
予期したかのようだ、
↑
ベラさんは

ロンドン組

はあ…うらやまし…
ヒナ、韓国に戻ったら
日本の準備進めてね

私たち、
ロンドンに着いたら
その足で公演会場に
行くって…

その翌日がすぐに
公演初日
なのは内緒

ロンドン行きの
航空券
まだもらってない人～？

10月8日の朝10時に空港に着いて…
もうセットアップは始まってるはずで…

β班がうまく
進めてくれてるはずよね？

ニューヨークだけ参加したら
私も帰りま～す。
ヨーロッパ、気をつけて

さっさと撤収して
韓国に帰ろっ！

今日は気分サイコーですよ　w
撤収は私が責任持ってやります！

ウフフ、ウフフフ…
どうしても笑顔になっちゃう

帰国組　→

＊１　It ain't over till it's over.「（勝負は）終わるまで終わりじゃない」。ニューヨークヤンキースで活躍した後、
　　　ヤンキースとニューヨークメッツの監督もつとめたヨギ・ベラの有名な名言のひとつ。

307

映画『ラブ・アクチュアリー』の余韻が残るヒースロー空港に降り立ったぼくらは、バスに乗ってロンドン東部のジ・O₂アリーナへ向かった。窓の外にかの有名なタワーブリッジが見え始めても、目を覚ます人は誰一人としていなかった。

B班がセットアップに追われている時、A班がホテルに荷を降ろしたその足でコンサート会場に合流した。

B班がヨーロッパのプロダクションの気難しいマネージャーと詳細なプリプロダクションをしてくれていたおかげで、現場はなんとか無難に流れた。イギリス人リチャードの存在は、ヨーロッパで特に大きな助けとなった。

北米ツアーを巡回する間に多くのことが安定したこともあり、ヨーロッパツアーは、ロンドンの最初のショーさえ成功させれば御の字だという気持ちだった。

だがしかし、ここでも神様はぼくらに試練を与えた。

ロンドン公演初日の2時間前

さて、いただきま〜…

…せんかね？
オルム、舞台監督チームに無線飛ばして。
PLAN Aも全員集合で

行きましょう

うん、行こう

TALK MESSAGE
サンウクPD、大至急メンバー楽屋までお越しください！

えっ、緊急？

大急ぎでメンバーの楽屋に駆けつけると、JUNG KOOKが横になっていた。かかとに怪我を負ったにもかかわらず、JUNG KOOKは「座って歌だけでも歌いたい」と、意欲を見せた。

現地のプロダクションを通じて、急きょライザー（可動式ステージ）と椅子を調達した。JUNG KOOKの出入りには、ライザーの上の椅子に座る彼を、舞台監督チームがライザーごと引っ張って上手側に運ぶことにした。

A、Bステージを練り歩く自由動線の曲の時には、JUNG KOOKが一人寂しく見えないように、メンバーたちが交代で行き交って彼のそばに立つことにした。

バックステージにはけたJUNG KOOKは「ダンスしている時はいつも暑いからエアコン強くしてって頼んでいるのに、今日は踊らないから寒く感じますね」などと言い、バックステージスタッフたちの母性本能（？）をくすぐりもした。

ツアーを重ねるごとに、JUNG KOOKは見る見る回復し、約10日後の最後のパリ公演では、ステージを歩き回れるほどになった。

パリで奇跡を起こす者

いつの間にか
かなり良くなったみたい

そっと動いて、そーっと
「Euphoria」はダンスなしで
歌うだけでもいい歌だね

若いから
回復が
早いのかな

ヨーロッパ最初の都市、ロンドンでの公演を終えて、B班は韓国へ帰国し、A班は残りのヨーロッパツアーを続行した。

　国同士が隣接しているヨーロッパツアーでの都市間の移動は、ナイトライナー（夜行寝台バス）を利用する。ロンドンでの最終公演日の朝、それぞれが荷造りとチェックアウトをすませ、公演と撤収が終わった深夜3～4時頃、すべてのスタッフが寝台バスに乗り込んだ。

　16人乗りのこのバスは、1階には簡易トイレとミニキッチン、テーブル、2階には2段ベッド8台と、8人が入れる休憩室がついている。
　短くて8時間、長ければ12時間かかる移動時間の間、みんなでテーブルに集まってビールを飲んだり、休憩室でゲームをしたりして過ごした。初日の夜は硬くて小さなベッドに慣れずに眠れなかったが、2日目以降は皆、泥のように爆睡していた。

　最初の長距離移動だったロンドン→アムステルダム区間は海を渡るため、バスは大型フェリーに乗り入れ、ぼくらはバスから降りて船の休憩室で過ごしたり、甲板に出て潮風に吹かれながら、つかの間のひと時を楽しんだ。

　2番目の都市、オランダのアムステルダムに到着したのは午後2時だった。その日の午後と夜はしばしのオフを過ごし、次の日からはセットアップ、その次の日は公演に撤収、そしてまた、夜行バスへ――。

10月13日、アムステルダムのジッゴ・ドーム、続いて10月16、17日、ベルリンのメルセデスベンツ・アリーナでの公演を終え、10月18日の未明、北米〜欧州ツアーの最終都市、パリへ移動する。

　パリは、今回の移動で最も時間のかかる区間（12時間）だったことに加え、到着した当日にセットアップするという最悪の条件だった。18日午後3時、ぼくらはパリのホテルに荷物を放り投げて公演会場へと急いだ。この日は全員が徹夜するものと覚悟してセットアップに臨んだかいあって、次の日のリハーサルスケジュールになんとか間に合わせることができた。

　ところで、パリの初日公演を終えた夜は、リチャードとともにする最後の晩でもあった。体はくたくただったが、韓国人の気質上、"ヒョン"の送別会をしないわけにはいかない。（リ・）チャードヒョンと仲の良かったスタッフたちが、ホテルの向かいにあった野外テーブルにビールを持ち寄り三々五々集まった。

　チャードヒョンは、ぼくらツアーチームに欠かせない存在だった。韓国のスタッフにも溶け込み、韓国食堂にも快く付き合ってくれた。「담배 피우자（タバコ吸おう）」「빨리 빨리（早く早く）」をはじめ、ちょっとした韓国語のスラングまでをも絶妙なタイミングで口にしては韓国チームを大笑いさせ、また、ぼくらの代わりにローカルスタッフを説得してくれたりもした。大切な友、チャードヒョンと熱い抱擁を交わし、別れを惜しんだ。

寝しくなるよ、ブラザー。元気でね。ぼくがまた必ずヒョンを呼ぶからね

ケビン、ぼくたちはチングだ。また会えるさ

＊1　チング。「친구」。友達。

2018年10月21日午後11時、OZ 502便でついに帰国の途に就く。北米7都市、ヨーロッパ4都市での22回に及ぶ公演、そしてプリプロダクションの数々——。

53泊54日の長期ツアーを終えて帰国してみれば、8月の蚕室公演が、はるか昔の出来事のようにも思えてくる。

数カ月の間にずっしりと重たくなった二人の子どもたちと遊覧船に乗ったり、『シークレット・ジュジュ』[*1]のOSTをBGMに爪を切ったり、耳掃除をしてあげたりした。

この間に結婚したヤボ

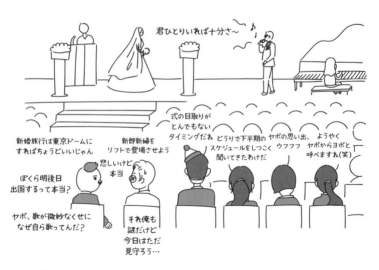

君ひとりいれば十分さ～♪

式の日取りがとんでもないタイミングだね

どうりで下半期のスケジュールをしつこく聞いてきたわけだ

ヤボの思い出、ウフフフ

ようやくヤボからヨボと呼べますね(笑)

新婚旅行は東京ドームにすればちょうどいいじゃん

新郎新婦をリフトで登場させよう

悲しいけど本当

ぼくら明後日出国するって本当?

ヤボ、歌が微妙なくせになぜ自ら歌ってんだ?

それ俺も謎だけど今日はただ見守ろう…

*1 韓国で女児に人気のアニメ番組。

韓国で過ごす2週間はあっという間に過ぎ去った。

まだ北米〜ヨーロッパでの疲れが、いや、8月の蚕室の疲れすら
抜けていないというのに……。

11月5日の朝──、羽田行きのOZ1085便を待ちながら、ぼくは
金浦空港でぼんやりと座っていた。前半戦を粘り強く走り続けた
ミッドフィルダーが、やたら短いハーフタイムの後にすぐ後半戦
に借り出される、そんな気分だった。

こんなに家に帰りたいと思ったのは、論山訓練所時代以来[*2]

まもなく、アシアナ1085便、
東京羽田行きの搭乗を開始します

心から
家に帰りたい

ぼくもA班β班で
スイッチしたい

β班はぼくが作ったけど、
ぼく自身のβ班はないんだよね…

1時間前に家を出たのに、
もう家に帰りたい

轉pt.2_アジアを越えて、日本4大ドーム〜アジアスタジアムツアー: 2018年冬から2019年春まで

2018年11月から2019年4月にかけての日本4大ドームとアジア4カ国ツアーは、いくつかの理由によりかなり手を焼いた。

第一に、ひとつのツアーに対していくつものキューシートを作成しなければならなかったことがある。

大きく分けても、日本ドームツアーバージョン、アリーナの香港バージョンとスタジアム（台北^{タイペイ}・シンガポール・バンコク）バージョンに分けられるのだが、その3つのバージョンは張り出しステージを含む舞台の形に始まってトロッコの使用可否、特殊効果の許容範囲などがそれぞれ異なっていた。おまけにスケジュール上でもその3バージョンが入り乱れていた。それでも何とか都市ごとに意味のある変化を織り込んで、キューシートに反映させた。

第二に、この期間は5月開催の〈SYツアー〉の準備期間と思いっきりバッティングしていたことだ。

超大型ツアーである〈SYツアー〉の演出へのプレッシャーが内外からのしかかり、お尻についた火と、数カ月先の巨大山火事を同時に鎮火しなければならないような心境だった。実際、最後のバンコク公演から帰国して10日余りで、ぼくらはまた〈SYツアー〉のプリプロダクションのため出国を余儀なくされた。

第三に、日本での会場レンタルスケジュールがものすごくタイトだったことが挙げられる。最初の東京ドーム公演の場合は、BTS→ラブライブ！→テイラー・スウィフト（以下、「TS」）と公演が立て込んでおり、BTS直後の２公演のための技術的な配慮を施すためにも、ぼくらの準備と明け渡し時間が不足していた。また、ナゴヤドームではすぐ翌日にBOYS　AND　MENの公演が控えていたため、BTSの公演が終わるとBOYS　AND　MENバージョンに舞台を修正した上、多くの機材を貸し出すことになった。しかし、ぼくらはぼくらで次のシンガポールの日程があったこともあり、ここで一部B班が投入された。

　2018年11月6日――、東京の東側、千葉市幕張メッセHall 7にて、日本のプリプロダクションを行う。長く息を合わせてきた日本側のプロダクションpromaxと、うれしい再会のあいさつを交わす。

　ところで、東京ドーム公演を何が何でも成功させようというTS側の意志は強く、TSの直前公演であるラブライブ！よりさらに前の、ぼくらBTSチームにまで連絡が及んだ。この件に関する打ち合わせをするため、公演より７カ月も前の2018年４月にTSツアーの開幕都市であるアメリカのフェニックスまで行くことになり（しかも直行便すらなかった）、TSのプロダクションと様々な協議を行ったりもした。最終的には、TS側が提供するスチールトラスが先に会場入りして土台を作り、そこへ日本と韓国の機材が入ることに決まった。

　ただえさえ公演規模に比べて貸し出し時間が比較的短い日本で、初日の東京ドームのセットアップは非常にタイトになり、並々ならぬ緊張モードだった。TS側と折衝した当事者であるぼくは、その日の夜は一睡もできなかった。

一睡もできないまま、結局現場に出た

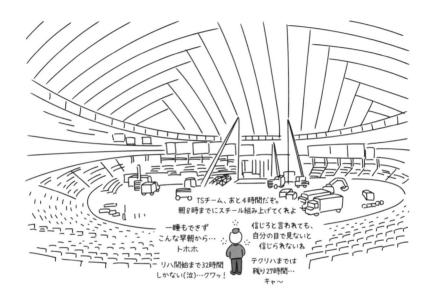

TSチーム、あと4時間だぞ。
朝8時までにスチール組み上げてくれよ

一睡もできず
こんな早朝から…
トホホ

信じろと言われても、
自分の目で見ないと
信じられないね

リハ開始まで32時間
しかない(泣)…クワッ!

テクリハまでは
残り27時間…
キャ〜

12日の午後1時、韓国チームのカーゴ搬入が始まる。

　準備万端のpromaxと、スタッフを補充した韓国ツアーチームは速度を上げた。その日の24時、24時間前には空っぽだった東京ドームに、巨大なステージが姿を現した。

　13日、明け方4時から照明調整、午前7時、テクニカル・リハーサル、9時からはサウンドチューニング、続いて12時からアーティスト・リハーサルが瞬く間に行われた。午後4時、客入れ開始、そして午後6時——、初公演が始まった。

　東京ドームの初日公演を無事終えた夜、スタッフが宿泊するホテルでは予想どおり高いびきの大合唱だった。

　日本4大ドーム4都市9公演は早々にソールド・アウトとなったため、両サイドの視野制限席（事実上"視野断念席"とも言う）まで開放して、そこに座る観客のために、追加でIMAGとスピーカーを設置した。フロアにも少しでも客席を確保すべく、ぼくらの座るFOHを削りに削って、削りまくった。

　ドームツアーの全体的なステージデザインは8月の蚕室メインスタジアム公演と似通っていた。広々としたBステージ、ムービングCステージに加え、（扇形の野球場を反映した）両ウイングのないシンプルなDステージを設置し、そこにLEDを仕込んだ7人乗りのリフトを追加した。

＊1　p.318参照。

中でも演出の席ほど孤独なところはありません

公演中にもあれこれと指示や質問の嵐…

そんなわけでできるだけ
最低2名以上の配置をつとめています。
キュー出しをする役割の人と、
キュー出しする人が公演に集中できるように
あらゆる庶務を瞬時に処理する役割の人です

〈SYツアー〉などに至っては
アヒルPD、私、ウォーリーPDの
3人が座っていました

とにかく公演中は、
キュー出しする人は
細かなメモも大変なので
それ以外の人が修正事項を
詳しく書記したりします

ナイスなアヒルの公演用語辞典

FOH（Front Of House）

公演を進行する"各パートの監督やコントローラーなどが集まる場所"という意味で
使用する。演出、音響やプロツール、照明、VJ、LEDコントロール、電飾、カメラ
のスイッチング、レーザーなどのパート別監督のほか、主要機材が場所を占め、ここ
から各機材をオペレーションする。

中規模以上の公演会場は、その都度FOHの位置が多少異なる。公演の進行に
必要な各チームのコントロール機材と人数を調べて、これを合算し（そしてテトリス
し）、FOHの全体サイズを算出して図面に表記する。運営チームがこの図面をもと
に売り止め席を除いた座席を設計する。

2万席以上の超大型会場となると、FOHのサイズと位置が売り止め席の数を左
右するため、FOHを組み立てて位置を決めるのにもノウハウが必要だ。この場合、
FOHの必要スタッフと機材が増えるにつれ、FOH1とFOH2に分けて設置すること
もある。1と2は左右対称に置くこともあるが、例えば音響チームのようにスピーカー
との距離を重視するチームはFOH1に入れて前側へ、残りをFOH2に入れて後ろ
側に置くこともある。野外公演なら、雨天や強風などの悪天候対策も念入りにして
おかねばならない。

東京での公演を無事終えて、ぼくらは大阪へ移動し、3日間のオフを過ごすことができた。（道頓堀のグルメ店やコンビニのビール売り場でスタッフたちと出くわした）

久しぶりに余裕を持って行われた京セラドームでの大阪3公演で日本出張を締めくくり、日本チームと新年の再会を約束し帰国の途に就いた。

2週間後、アジアツアー最初の都市、台北の西側にある野外スタジアム、桃園国際野球場へと向かう。

台北はセットアップの間中ずっと雨が降ったり止んだりして、粗悪な床保護材と水はけの悪いスタジアムの地盤のために地面がぬかるみ、スタッフの靴がみな廃棄処分になるほどだった。機材に防水シートをかけたり外したりの繰り返しを強いられ、撤収後には除湿材を箱買いしてカーゴにばらまく羽目になった。

台北でカーゴを降ろした日

こちら、カーゴ降ろしましたけど…。中にシカゴブルズのロゴの入った椅子があったんですがどうしましょう？雨はこのまま止みそうにないですね？

Aカーゴはシカゴから来たやつ…。シカゴで誰かが載せちゃったんだね。雨はもう友達だと思って…

ガーン…ブレード内で溶接がいくつか外れて照明が傾いています

う〜ん、現地で溶接工を呼べないか聞いてみるね

Aカーゴは太平洋を往復までしてるし、一番使い込んでるセットだもんな

台湾の溶接の神が来てくれるはず…

雨の降らない国に行きたい…

319

2019年1月7日、名古屋行きの飛行機に乗り込む。

すでに東京と大阪でコンサートを行っているので、ナゴヤドームの公演自体には特にこれといった注意点はないが、会場レンタルの契約上、ぼくらがプロダクションのサポートをしなければならないBOYS AND MENの公演が、すぐ後ろに控えていた。

1月8、9日、BTSバージョンで舞台のセットアップを完了した後、10日にはいったんBOYS AND MENにすべて明け渡し、十分にリハーサルを行えるようにした。そして11日はまたぼくらにそのまま返され、公演のチェックをぬかりなく進めた。

12、13日に、BTSの2Days公演を無事終えると、一部スタッフは、B班が先にセットアップに着手したシンガポールへとただちに出発し、残ったA班は翌14日に開催される BOYS AND MENの公演終了までサポートした。（きっと、BOYS AND MENは韓国人がオペレーティングする韓国産リフトに乗った初の日本人アーティストだっただろう）

このスケジュールもまた、ツアー慣れしたB班がいたからこそ可能だったことだ。

真冬の名古屋から真夏のシンガポールへ──。

B班たちシンガポール先発隊がシティ・フィールドから来たBカーゴを開いてセットアップする間も、天井がある会場（シンガポール国立競技場）のおかげで幸いにも雨に濡れることは免れた。

しかし、うだるような暑さに加えて湿気まで……どこまでも湿っぽく、水っぽく、蒸し暑かった。

シンガポールでは、5月に〈SYツアー〉でジョイントするアメリカのプロダクションマネージャー、ジョエルが来訪して、ステージを一緒に回りながら今後の打ち合わせをする計画だった。

加えて、残りの〈LYツアー〉開催地である香港、バンコクのチームもやってきた。ぼくらはセットアップの合間合間に時間を作り、彼らとあいさつを交わしミーティングをし、ステージを回りながら今回の公演についてやセットアップ方法を説明した。

〈SYツアー〉プロダクションマネージャーとの初顔合わせ

名古屋とシンガポールでの公演が終わると、次なる〈SYツアー〉の準備にもいよいよ拍車がかかった。

　2月には、〈LYツアー〉日本ドーム公演を福岡ドームで盛大に締めくくり、3月には香港のアジアワールド・エキスポ（AWE）アリーナで5日間4公演を開いた。ドームとスタジアムを回ってからアリーナに入ったからか、以前はあんなに広く感じていたアリーナがとてもきゅうくつに感じられた。

　4月のバンコクは、長かった〈LYツアー〉の最終都市だった。
　シンガポールが湿式サウナなら、バンコクはまさに乾式サウナで、小物で使うプラスチックのろうそく立てが溶け出すほどだった。舞台には送風機、移動式エアコン、クーラーボックスなど、アーティストの熱気を少しでも冷ますためのあらゆるアイテムが総動員された。

　バンコクは〈LYツアー〉の最後の都市だったため、次に予定されている〈SYツアー〉で使う演出をあらかじめテストした。代表的なものとして、ステディカムを調達してRMの「Trivia 承: Love」♬など数曲に投入し、メンバーたちはこのステディカムと息を合わせるべく練習を始めた。

＊1　ビデオカメラの手振れを抑え、映像を安定させるための装置、カメラスタビライザーの商標名。撮影者の体にカメラを固定して移動撮影する。

こうして、8カ月間20都市42公演を行った〈BTS WORLD TOUR 'LOVE YOURSELF'〉が幕を閉じた。

　韓国、アメリカ、ヨーロッパ、日本でのプリプロダクションと、毎日のように行ったリハーサルまで合わせれば、体感的にはこの1年間で100回くらい公演をこなし終えた気分だった。

　蚕室メインスタジアムから始まったこの〈LYツアー〉は、北米とヨーロッパのアリーナツアーを経て、日本のドーム、そしてアジアのアリーナ、ついに野外スタジアムまで進出した、実にドラマチックなツアーだった。

　PLAN AとBTSのツアープロダクションは、このツアーで実に飛躍的な発展を遂げたと断言できる。屋内と野外を行き交い、あらゆる環境で公演を作り上げ、演出面、制作面において大きなノウハウを手にした。

　その経験をもとにぼくらは、世界最高のステージを目指して坂道をひたすら上り続けた。

結pt.1_世界で一番高いところ、アメリカ大陸〜欧州 〜日本スタジアムツアー: 2019年晩春から夏

〈LYツアー〉が始まった2018年8月——、〈SYツアー〉のスケジュールがじわじわとその巨大な輪郭を現す中、〈LYツアー〉のアメリカ〜ヨーロッパでの死のロードが終わると、いよいよ〈SYツアー〉の演出内容について本格的な議論が始まった。

超大型スタジアムツアーのチケット販売を開始させるべく、ぼくらは普段よりもずっと早い段階から全体のステージデザインの整理を迫られていた。

過去最も大きな会場だった蚕室をはじめ、シンガポール、バンコクでは、平べったい楕円形の競技場の長辺側にステージを設置したが、今回はより多くのチケット数を確保するために短辺側に設置することに決めた。(こうすることで売り止め席が画期的に減少するからだ)

さらにC・Dステージを取りやめて、演出や動線、予算をA・Bステージに集中させることにした。Bステージに多くのダンサーと演出装備を投入できるよう、また、空間効率を高めるためにもステージの形状をダイヤモンド形から長方形に変更した。

それにしても、時間との闘いだった。残された時間に比べてぼくらが準備しなければならないことがあまりにも多すぎた。本来なら今頃は広すぎるほどのスタジアムの隅々の装置まで決定して、曲ごとの演出案を練っていてもおかしくないタイミングだというのに、前段階の作業にとんでもなく時間がかかっている。ひとつ進行するのにも協議する相手があまりにも多かった。

　例えば、Bステージで展開される巨大なBTSのロゴセットを作る過程ひとつとっても、韓国のデザインチームと意見をすり合わせてコンセプトを決め、マネージメント会社に提案して承認を得られたら、ドイツの制作会社であるHennとオンラインミーティングを設けてセットのコンセプトと見せたい効果を説明する。それから、現地のプロダクションマネージャー、F9、韓国のプロダクションチームのそれぞれと進行状況を共有しつつ、ドイツで作られた制作物をどのようにアメリカまで運ぶのか運送チームとスケジュールを調整し、全体予算をアップデートして主催者側に報告する。もちろん、この複雑な過程の要所要所で問題点が発覚する。制作技術、運送行程、座席の運営、費用、演出効果などなど、多様なパートで様々な議題が提起され、さらにこの議題がまたほかの様々なパートに影響を及ぼしていく。

　そしてこの過程のど真ん中にいるPLAN Aは、どうしてもコミュニケーションの大洪水に見舞われざるを得なかった。

〈SYツアー〉が、これまでのK-POP界で誰も想像できなかった前人未踏のツアーとなるだけに、今回はぼくらにとっても以前とはまるっきり違う思考方式が必要だった。

　ゆえにPLAN Aとして最も苦しんだことは、それまで知らず知らずのうちに自らが積み上げてしまった、想像力の"見えない壁"を打ち破ることにほかならなかった。

　技術的に不可能だろうとか、実際に作ってテストするには時間が足りなさそうだとか、予算内に収まりそうにないだとか、マネージメント会社の許可が下りなさそうだとか、これまでに前例がないからリスキーなんじゃないかとか、よその公演で失敗したらしい案だから止めようとか……。

　冒険的な案に対しては、どうしてもこういった、守りに入って逃げる時にありがちな言い訳が反射的に口をついてしまうものだが、これに打ち勝つためには自分の中の深いところにある何かを拾い出すことに意識を向けなければならない。

　それは何かというと、「自分に恥じないショーを作ろう」という意思や、「観客、アーティスト、スタッフすべてを満足させる使命感」といった、文字にしてしまうと陳腐な、でも忘れがちな、公演業界の人間としていつでも念頭に置いておくべき究極の価値だ。

　その道のりは、この上ないほどの苦しみを伴った。

いいかい、みんな。これからは発想を転換していこう。
とにかく今までどおりやるだけじゃダメだ。今やっている仕事を全部中断して、
ぼくらにはできないだろうとあきらめていた、むしろ想像すらしていなかった演出案を
探してみよう。世界中のスタジアムツアー映像をかき集めてレビューして、
発展的で新しい演出案をどんどん絞り出していこう。
予算がかさみそうとか納期に間に合いそうにないものだって構わない。
やってみて結局あきらめることになっても構わないから、
ステキな演出、かっこいい演出、ひざをたたきすぎて痛くなるくらい
「これだ!」っていう演出を、手分けして探してみようじゃないか

これまで研鑽した浪費グセを
存分に発揮してみてよ

それはこれから
大丈夫にするのさ

ひざをたたきすぎて
すり減るくらいのやつを
探し出してみせます!

あの…

私がまた
浪費グセと見栄っ張りを
発動させますから

ヒョン、
大丈夫
なんですか?

私は
日本のサイトで
嵐から順に
チェックしますね

じゃあ私、アメリカの
アーティストを担当します

ずっと指をくわえて
見てるだけだった
装備をごっそり…

本格的に
残業スタート
かな…

おお〜

4月、〈LYツアー〉のバンコク公演から帰国後、韓国で進めていた舞台セットの制作が完了したというので、製作所に行って直接試乗して動作チェックと修正を行った。それが終わると飛行機にどんどん積み込んでアメリカへ送り出した。

　その後、アメリカ大使館に行きビザ取得のための面接を受けたり、ブラジルの入国に必要な黄熱病(おうねつびょう)の予防注射を打ったり、ABRチェックのために日本への日帰り出張があったり、初公演の思い出も記憶に新しいAXホールでメンバーたちと動線リハーサルを行ったりなどしているうちに、いつの間にかアメリカのプリプロダクションに向けての出国日になっていた。

　2019年4月18日の午後——、LA行きOZ 202便が離陸した。

　LA国際空港に降り立ち、プリプロダクションの会場であるホンダ・センターがあるアナハイムに向かう。

　ホテルで荷をほどくと、ヒナとウォーリーPDの3人で町のパブに向かった。「これから先の2カ月間で、一番平和な今日の日のために！」という乾杯の音頭とともにグラスをかかげ、時差ボケに打ち勝って眠りにつこうとビールをガブ飲みした。

　19日の午後、ホンダ・センターに入る。2年前の〈THE WINGS TOUR〉の会場だった場所であるだけに、慣れ親しんだ搬入口と楽屋が妙にうれしかった。

F9のメンバーも続々現地入りした。

　〈SYツアー〉は〈LYツアー〉とあらゆる点で連作関係にあるため、今回の照明と映像デザインもF9が手掛けた。準備期間が短かったこともあり、彼らとも多くのことをプリプロダクションの現場で詰めなければならなかった。

　F9が制作してきた新たな映像と照明を確認し、詳細なキュー合わせをした。

　韓国からの機材をすべてカーゴから取り出して設置し、何度もテストしてみる。特に、海外発送が初めてだったチームの機材から発見される数々のエラーには手を焼いた。各国の電圧に適合しない部品を新たに購入して差し替えたり、慌てて発送したためにパッキングが積載や移動に耐えられなかった資材を、アメリカの舞台監督チームの助けを得て新たな台車に積み直しもした。高さの合わなかった新しい制作物も、キャスターを外したりフレームを切ったりして正確に高さを合わせた。

　初の試みとなるAR（拡張現実）のテストは、会場の一角のバレーボールコートほどの広さの空間で行った。新セットとなるマトリクス・リフトも設置して、担当者とキューのポイントをメモリーした。ロボスポット（従来のフォロースポット照明のように人間が手で動かすのではなく、モニターを見ながらアーケードゲームのようにリモコンで操縦するもの）もテストした。

4月25日の午後、6日間のプリプロダクションを終えて撤収まで完了すると、翌26日の朝には、最初の会場ローズボウル・スタジアムがあるLA北東の都市パサデナに向かった。

　プリプロダクションを完璧にできなかったことで若干の焦りはあったものの、ローズボウルでのテクニカル・リハーサルの時間を十分に確保しておいたので、初日の公演はなんとかなるだろうという希望を抱いてみる。
　ローズボウルでのセットアップは予想どおり、牛の歩みだった。規格化された機材のセットアップには大して時間は掛からないのだが、プリプロダクションをまともに行えなかったパートではどうしても遅延が発生した。

　29日の晩、舞台上のセットの照明をメモリーし、30日の午後には装置とセットを運用する最初のテクニカル・リハーサル、夜にはキューシートの順序どおりにやってみる2度目のテクニカル・リハーサルを行った。
　5月1日と2日の昼間はサウンド・チューニングを行い、夜にはダンサーたちが舞台に上がって場ミリを行った。
　そして3日の朝9時からは、アーティストが来場しての現場リハーサルとなる。

この段階になると、悲しいことに現場から笑顔が消える。笑えるようなことがないのではなく、何と言うか、人間同士のコミュニケーションにおけるいやなことがすべて噴出してしまうのだ。

　働く者同士の関係が悪くなるのは、劣悪な環境で働かなければならない場合がほとんどだ。大きな公演を作ることにおいての"劣悪な環境"とは、いろんな会社やグループのたくさんの人々が十分なコミュニケーションを交わすだけの"十分な時間"を確保できない環境を指す。時間不足が引き起こすコミュニケーション不足は、人々を地獄に突き落とす。そしてぼくらはこの地獄での重いストレスを我慢しすぎるあまり、自らが傷を負ったり、身近な仲間に傷を負わせたり、その両方を取らざるを得ない状況に置かれたりするのだ。

　無礼な言動に傷つく自分がこの上なく哀れでもあり、他人のことを考える余裕もない自分が憎らしくもあり、地獄で傷つけ合っている人々を見るのも苦しく、申し訳なかった。スタッフたちが良い環境で働けるよう、一切の責任を負う立場の者としてとても心苦しかった。そしてこの期間に負ったトラウマは、以降も長い間ぼくを苦しめた。

　そして、そうやって、それでも、それにもかかわらず……。
　時は無常に流れ、〈SYツアー〉は公演初日を迎えた。

2019年5月4日、〈SYツアー〉の公演初日。

正午、緊張の中で最後のランスルーを行い、午後4時、客席のサウンドチェックを開始した。

午後5時には会場全体の客入れが始まり、夕日が地平線に沈みかけた午後7時30分――。

オープニングビデオのキューがインカムから流れた。

心臓が張り裂けんばかりにバクバクと高鳴った。

この業界に飛び込んで17年、PLAN Aを始めて9年、BTSに出会って6年にして、ぼくとPLAN Aの後輩たちの手で作り上げたツアーが、それも地球上でもトップクラスのアーティストだけが開催することができるスタジアムツアーが、幕を開けた瞬間だった。

オープニングシーンは、このツアーの中でも特に気合を入れた
見せ場のひとつだ。

　客入れの間、舞台上では巨大な4つの物体が開館前の展示場さな
がらに、白い布をかけられたまま観客と対峙している。

　オープニングVCRが始まると、スクリーンには白いシースルー
の布に覆われたメンバーたちの姿が映し出され、同時に舞台上の
物体にかけられた白い布が滑り落ち、巨大なギリシャ神殿風の柱
が現れる。VCRが続く間、華やかなコメット花火が打ち上がりお
祭り気分を盛り上げる。

　すかさず「Dionysus」♬のドラマチックなイントロが流れると、
神殿の柱の間から2頭の巨大な銀色のヒョウが一瞬にして現れる。
床にうずくまっていたヒョウが体を起こして咆哮すると、ヒョウ
に隠れていたダンサーたちの姿もあらわになる。

　イントロの終盤、勢いよく噴き上げるファイヤーボールと火柱
とともに白い煙が立ち込めて舞台に神秘的な雰囲気を漂わせる。
しかし「Dionysus」♬の歌に入る頃には、野外に吹きつける風で煙
がすっかり流され、クリアになったところにアーティストが現れ
るという、彼らの初登場を観客たちにドラマチックに見せつける
演出だ。

　メンバーたちは移動式平台の上で跳ねたり力強くステップを踏
んだりしながら、ダイナミックなダンスを見せる。彼らを囲むよ
うに、14人の韓国ツアーチームのダンサーと40人のLA現地のダ
ンサーたちが、10本の神殿の柱に上ったり下りたりしながら広い
ステージをぎっしりと埋め尽くした。

高さ8メートル、体長12メートルにも及ぶ巨大なヒョウ2頭と、大きいもので高さ3メートルになる神殿の柱のセット、54人のダンサー、要所要所で爆発する火薬と火柱、広いLEDいっぱいに映し出される神殿をモチーフにしたグラフィック投入で圧倒的なオープニングを飾った「Dionysus」♫が終わると、メンバーたちは「Not Today」♫を歌いながらBステージへと歩き出す。

　54人のダンサーたちもBステージに上がり、最初のコーラスが入る直前に音楽がピタリと止まる。
　JUNG KOOKが余裕たっぷりにセンターに向かって5歩歩き、カメラに向かって「銃！　照準！　発射！」と叫ぶと、待っていましたとばかりに会場には再び大量の花火が打ち上がる。
　Bステージで繰り広げられたメンバーとダンサー、総勢61人によるキレのあるダンスは文字どおり壮観だった。（各都市ごとに現地のダンサーが入れ替わるため、毎回リハーサルには時間を割いているがそれだけのかいがある）

　メンバーたちがBステージで「Not Today」♫を歌っている間、Aステージは大忙しだ。
　巨大なヒョウ2頭は空気を必死に抜いてぐるぐる巻きにして折り畳み、舞台下の地下倉庫に片付けなければならず、Aステージと両ウイングに点在していた10台の神殿セットは舞台袖、舞台下にそれぞれはけさせなければならないのだ。

「Dionysus」でヒョウはどう？神話でディオニュソスはヒョウに乗ってたとか

ヒョウか…うん、ヒョウ2頭をパッと舞台に上げよう

スタジアムなのでどデカく作りましょ、10mくらい？

ヒョウがのけぞって雄叫びを一発！

目からレーザーがビーッと出たらすごくかっこいいんじゃない？

音もつけますか？ガオー？それともニャオン？

ディオニュソスの再臨をコンセプトにしてギリシャ・ローマ風とか

でもこれ作ると舞台での転換が…

大変そうですね、でっかいのを動かすとなると…

残念

惜しい

う〜ん。何かいい方法がありそうなんだけど

ABRの新しい会社で挑戦しよう。ウォーリーPD、新しいABRチームのサイト見て電話してくれる？

すでにかけてま〜す

ヨボセヨ？アンニョンハセヨ、コンサート演出チームのPLAN Aと申します

あいにく最近弊社も忙しくて…

はい、ええ…BTSの仕事なんですが

今すぐ会いましょう！

335

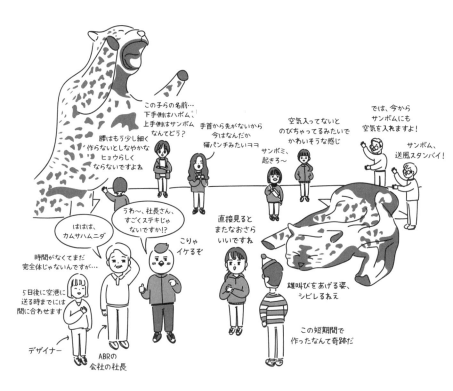

最初のトークで「ここに立っていることが夢みたいだ」と語った
メンバーたちは、RMの「Are you ready to fly with us?」というコ
メントを合図に、自然な流れで次の曲「Wings」♬に移った。

　BステージからAステージに戻るJ-HOPEを、ステディカムがス
ムーズに映し出し、破裂音とともに噴き出された銀テープが日の
落ちた空を彩った。アーティストはCリフトで退場し、合間の
VCRが流れる。

　ソロステージの順序は〈LYツアー〉と同じだ。

　しかし、ソロ曲での演出はあちこちに手を加えており、同じ曲
でも新たなステージを見せようと努力した。特にほとんどの地域
で〈LYツアー〉が終わってから半年も経っていないため、より一層
その必要があったわけだ。

　J-HOPEのソロ「Trivia起: Just Dance」♬のために準備した隠し
玉は、TAIT（アメリカの総合プロダクション会社）にオファーし
たマトリクス・リフトだ。縦横それぞれ1.1メートルのリフト12
台が集合してマトリクスを形成するこのリフトは、上面と側面す
べてにLEDが貼られたリフト12台を一度にコントロールして、様々
な形態を作り出すことができるというものだ。

　しかし、このキューを複雑に作り込むほど（実際の公演中は、こ
のリフトは音楽に合わせたタイムコードによって自動運転され
る）、出演者は公演中に常にリフト上を移動することになり、難易
度が上がる。

はたして我らがチョンチーム長（J-HOPE）はいかに？

1カ月前、ソウルでの動線リハーサル

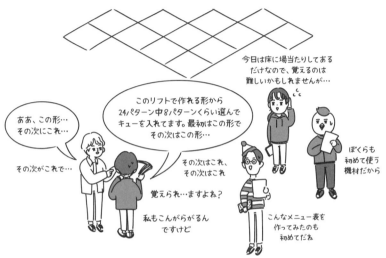

さすが我らがチョンチーム長！

ほかのメンバーもそうだが、特にJ-HOPEは練習の時から公演の流れをいち早くつかみ、舞台上でも失敗することなく安定的なパフォーマンスを見せてくれた。もちろん今回の複雑なマトリクス・リフトの動きも一発でのみ込んでリハーサルを消化し、ぼくらをうならせた。

　ローズボウルの現場リハーサルまで終えた「Trivia起: Just Dance」♬は完璧だった。余裕たっぷりに「Whassup, Rose Bowl！」と叫びながら登場したJ-HOPEは、1番を歌っている間も絶えず形を変え続けるマトリクス・リフトの上を軽々と飛び跳ねながらパフォーマンスを見せ、2番が始まるとBステージに向かって歩き出す。
　観客をリードしながらダンサー陣とのダンス・ブレイクをキメた後、豪快なウォーターキャノン（！）を背にAステージに戻り、ステージいっぱいに埋め尽くしたダンサーたちとノリノリで最後のコーラスを歌い上げた。

　〈SYツアー〉中、「Trivia起: Just Dance」♬で使用したウォーターキャノンは、あらかじめ各地の平均気温、最低気温などを調査しておき、実際に公演が行われる時間にウォーターキャノンを放出しても大丈夫な気温かどうかまで確認した上で、演出に組み込んで機材を輸送しているのだ。

　そして〈LYツアー〉と同様に、J-HOPEが退場したリフトでJUNG KOOKが登場し、新生「Euphoria」♬が始まった。

「Euphoria」♪の導入は〈LYツアー〉の時と変わらない。

　だが、涼やかな美しさで勝負した1番を歌い終わる時、JUNG KOOKはダンスの代わりに3歩前進する。JUNG KOOKの後ろにアメリカのスタッフと韓国の舞台監督がピタリとつき、JUNG KOOKがフック型の小さなキャリアに乗ると同時に、彼の腰と手首に安全装置を装着する。

　「遥か遠くで」のフレーズを合図に、キャリアは舞台から50センチほど宙に浮き、「夢の向こう」のフレーズで一気に10メートル垂直に上昇し、JUNG KOOKを空高く運び上げる。

　JUNG KOOKは曲に乗ってフロアの観客たちの頭上を自由に飛び回る。飛行中にも観客たちと堂々とアイコンタクトしたJUNG KOOKは、しばしBステージ上空で静止した後、2番のコーラスが始まると、より遠く、より高く客席の上を飛んだ。JUNG KOOKの行く先々で湧き上がる観客たちの大歓声が彼を迎えた。ようやくBステージのセンターに無事に着地したJUNG KOOKは、待ち構えていたダンサーたちと最後のコーラスをもう一度歌う。

　この3DワイヤーフライングもTAITにオファーした機材だ。スチールトラスとディレイタワー、スタジアムの設備の4つのポイントに4本のワイヤーを張り、中央にキャリアをぶら下げた後、4ポイントに設置したモーターが4本のワイヤーをそれぞれ有機的に引いたりゆるめたりしながら、中央のキャリアが上下左右に自在に動くというシステムだ。

　このワイヤーフライングに乗るには、2時間の安全講習を受ける必要がある。

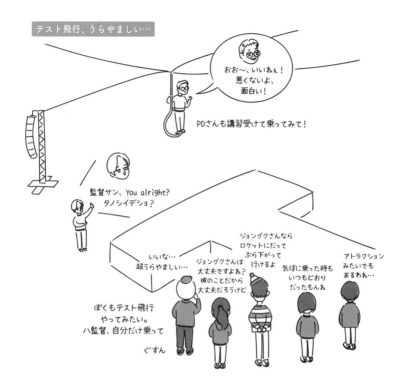

テスト飛行、うらやましい…

おお〜、いいねぇ！
悪くないよ、
面白い！

PDさんも講習受けて乗ってみて！

監督サン、You alright?
タノシイデショ？

いいな…
超うらやましい…

ジョングクさんは
大丈夫ですよね？
彼のことだから
大丈夫だろうけど

ジョングクさんなら
ロケットにだって
ぶら下がって
行けるよ

気球に乗った時も
いつもどおり
だったもんね

アトラクション
みたいでも
あるわね…

ぼくもテスト飛行
やってみたい。
ハ監督、自分だけ乗って

ぐすん

　それにしても、さすがJUNG KOOKだった。

　リハーサルで何度も成功していたとしても、実際に観客が入っ

た状態のライブでは多少畏縮してしまわないかという懸念もあっ

たが、JUNG KOOKはぼくの心配をよそに、堂々とした演技を見

せた。

　飛行中はボーカルも安定していた上に、風に髪をなびかせなが

ら余裕たっぷりに笑顔を振りまいて、会場の観客たちとのコミュ

ニケーションまでしっかりやってのけた。

　「Euphoria」♬とJUNG KOOKと３Ｄワイヤーは極上のコンビネー

ションだった。アーミーボムで埋め尽くされた客席の上を、JUNG

KOOKが空中遊泳する姿を押さえた中継映像も見ものだった。

続く「Best Of Me」♬では、エアーショットを思いきり打ち鳴らし雰囲気を盛り上げた。

そして一転してJIMINのソロ曲「Serendipity」♬だ。

「Serendipity」♬のために準備した隠し玉は、シャボン玉形のABRだ。これを選んだ理由は、大きく2つあるが、ひとつはこの曲のアルバムアートの中に、透明な球体の中に入ったJIMINの写真があったという点だ。

2つ目が〈LYツアー〉の時、この曲を歌っていたJIMINがステージを飛び交うシャボン玉を指先ではじいた場面があったのだが、これを見た観客が狂喜したことを思い出したからだ。

そんなわけで、JIMINを大きなシャボン玉の中に入れて舞台に登場させようと思ったのだ。

シャボン玉よ、「エンゴージオ！」（肥大化せよ）

「Serendipity」♬の前奏とともに巨大なシャボン玉のような直径2.3メートルの透明球体が、舞台よりも1.2メートル高いところまで地下からリフトで上昇する。

　白いシルクのドレープが、球体と舞台の間の高低差をしなやかに覆っている。球体の中は可憐な白い花々が輝き、その中央にJIMINが美しい姿で（この表現はまったく偽りがない）座っている。暗がりの中、スポットライトが球体を照らし出し、青を基調とした映像が球体の回りで揺らめく。

「ただただ、君の喜びで」の「キッ、プムロ」のところで、JIMINが指先で球体をツン！　とつつくアクションをすると、シャボン玉（のように見える透明のウレタンビニル）が瞬時に後ろに吸い込まれるようにして消えて、まるでシャボン玉がはじけたようなシーンを演出し、背後の映像もJIMINを中心にふっとはじけて広がっていく。

　白い花が咲き乱れる中でJIMINが“カソファ”を放ち（もちろん今回も腹筋チラリ）、リフトはゆっくり降下していきJIMINはステージ上に降り立つ。

　ダンサーとともに美しい群舞を披露する間、バックの広大なLEDではファンタジックな宇宙や夜空を表現しつつ、会場のフロアのあちこちに設置しておいた40台のバブル・マシーンが一斉にシャボン玉を噴き出して、会場いっぱいに漂った。

次の曲は、本ツアーの演出において最大の難関だったRMの「Trivia承: Love」♫だ。

「Trivia承: Love」♫には果敢にもAR技術を導入したのだが、過去いくつかの放送でAR技術が使われたことはあれど、コンサート（それも野外）ツアーで使われたことは一度もなかった。

　RMが観客に背を向けたままAステージのリフトから登場すると、彼の目の前にはすでにステディカムがスタンバイしている。RMは、ステディカムに対しカメラ目線のまま観客を背景にして、歌いながら上手側に一度、下手側にも一度移動して観客のエネルギーを自分に引きつける。そのまま、RMはスタジアム全体を堂々とリードしながら、Bステージへと歩き出す。

　2番のブリッジパートからARを使用する区間が始まる。舞台上のRMが空中で手を動かすと、IMAGのスクリーンでは、RMの前に巨大なハートが描かれる。彼の前に次々に3つのハートが描かれ、舞台上のカメラは最後のハートをくぐり抜けてRMを映し出し、ARの醍醐味を見せつけた。さらにRMの頭上には、各国の言語に翻訳された「愛」という単語が雲のように浮かび、ゆっくりと回転する。

　やがて大量の紙吹雪がBステージに華やかに降り注ぎ、RMが最後にカメラに向かって指先でハートを作って飛ばすと、彼の背後の空には、まるで彼が空に文字を書いたかのように、各都市ごとに準備したRMの直筆メッセージがARで浮かび上がる。

この「全世界に先駆けてARを使ったコンサートツアー」という称号を手にした過程は、それは複雑で、つらく悲しくハードで至難の道のりだったのだが、その理由はARがいくつもの事情が絡み合うBステージで展開されたからにほかならない。

　まず、Bステージにはめ込まれた巨大なロゴセットの表面がでこぼこしているので、この上でダンスをするためには広大なゴムシートを敷く必要がある。ところがこのゴムシートが曲者で、野外で雨に濡れたり、昼夜の寒暖差で結露ができると途端に滑りやすくなるのだ。そのため滑り止めのテープをベタベタと貼り付ける羽目になるのだが、これらすべての作業が終わってこそ、ようやくARチームがAR区域を特定する小さな"認識ステッカー"をポイントごとに貼り付けることができる。

　この認識ステッカーがないとARカメラが認識できないため、ARリハーサルはいつでも一番後回しになり、バタバタと執り行うのが精いっぱいだった。悪天候に見舞われたりしてBステージのセットアップが少しでも押してしまうと、作業工程のお尻のほうにあるARはもろに影響を受けた。

　また、コンサート中も60人以上の強烈な群舞によってゴムシートが少しでもずれると、カメラの位置情報もずれてしまい、せっかくの絵がめちゃくちゃになってしまうのだ。

それゆえに、「Trivia承: Love」『のARは度重なる危機に直面した。

LA公演で一抹の不安と同時に大成功の兆しも見えたものの、シカゴ公演では悪天候のために屈辱の大失敗を味わうことになったし、AR登場の直前に前もってプレビューモニターでテストした上で、「絶対OK」というサインを公演中のRMのイヤモニに直接出したにもかかわらず、5秒後に装備がバグってRMはただ宙で手を動かしただけに終わったこともあった。

本番での度重なるARの失敗にアーティストからの信頼も失いかけていた時、ぼくは、このARの演出を早々にあきらめるべきではないかと真剣に悩んだ。だが、そんな不安を抱えたままのARはブラジルのサンパウロ公演に行ってようやく安定的に絵を見せてくれるようになった。

こんな不安定な技術のせいで何度もリハーサルを余儀なくされて苦労したり、時には舞台上でも多くの損害を甘受することになったRMに対しても、この場を借りて心からおわび申し上げる。

フロンティア・スピリットで作った演出が開拓の象徴の地、アメリカ西部から始まったのはきっと偶然じゃないはず

あの時は本当に
死ぬ思いだった

確かに、そのおかげで
結局はやり遂げたんだけど

RM、本当に申し訳ない

もう全部憎らしいわ
いやになったわで、
丸ごと投げ出して
しまいたかったよ

開拓者が通るべき
必然の過程じゃ
ありませんか

おまけにアメリカチームは
これで「Best Use of AR賞」
も受賞して…

RMの直筆ARを見た観客たちの歓声が静まるのを合図に「작은 것들을 위한 시（Boy With Luv）」♫の新たなバージョンのイントロが流れ、RMはステディカムとともにAステージに歩き出す。

　軽快に歩を進めながらRMが両手を広げると、カメラ目線のRMとステディカムとの間にJINとSUGAが両脇から割り込み、次のタイミングでその手前にJUNG KOOKとJ-HOPEが、最後にJIMINとVが両脇から割り込んでくる。このフレームインの動線では、息の合った7人のご機嫌な“ケミ”が満喫できる。彼らの姿を映し出していたステディカムがはけると、最新曲「작은 것들을 위한 시（Boy With Luv）」♫のパフォーマンスが始まる。

　シンプルでありながら、観客たちにちょっとした楽しみを与えられるこの“ケミ”動線は（J-HOPE天才説で持ちきりだった）ソウルの最終動線リハーサルの時に急きょ編み出されたものだ。

最後、BからAまで距離があるでしょ？
ぼく一人で戻るのは
ちょっと気まずいかな…

へえ、
いい感じですね？

それでRMさんは「Love」の後、
「Boy With Luv」の前奏で
Aステージに歩いていって
くだされればOKですが…

へえ、PDさん。そんなこと
考えていたんですか？

動線に加わりながら
肩も組んで、っと…！

それなら、
次々にメンバーが加わってって
みんな一緒にAステに入るという美しい
チームワークの絵を
見せるのはどう？

いや、今
思いついた…

だろうと
思った…

どうしたの？

愛嬌もちょっと
見せたりしてさ

ふ〜ん、まあ
そのくらいの変更なら
簡単だね

＊1　ケミ。「케미」。ケミストリーの略で、好相性を表す韓国語のスラング。

短いトークの後、"BTSメドレー"♫から「IDOL」♫までノンストップで畳みかける怒涛の13分間で、スタジアムは興奮のるつぼと化した。ファンにとって思い入れたっぷりの曲は、体になじんでいるだけに、特別に大きな歓声を引き出した。ARMYたちにおなじみの「절어」♫、「뱁새」♫、「불타오르네（FIRE）」♫が続き、メンバーたちは舞台狭しと飛び跳ね、客席は彼らへのエールと大合唱で応えた。EDMをミックスした「IDOL」♫では、のっけからエキサイティングに火薬が噴き上げた。

　ブリッジVCRが終わると、舞台上には青い氷の壁が立っている。マトリクス・リフトで壁を作り、LEDに氷の画像を映したものだ。
　リフトが降下すると、白いベッドが見え、Vが目を閉じて横たわっている。

大人セクシー 2

この曲の舞台はどう見せよう？
直前までダンスがてんこ盛りだから、
ここはダンス少なめが良さそうだし

このセクシーな
雰囲気を
生かすなら…

ベッドはインパクトあるな

リアル大人セクシー

ベッドで行きましょ

ほぉ…
ベッド？

ベッドに
私も1票

セクシーなムードの曲にベッドのセットなんて、まさにおあつらえ向きだろう。ハマりすぎるだけに、それだけ陳腐にもなりかねない。

　そこでベッドに読書灯のようなスタンドをつけ、その中に小型カメラを仕込むことで、寝そべるアーティストと手を伸ばせば届くような距離で目を合わせているかのような、非現実的なアングルを中継し、観客に提供することにした。

　このシーンは観客たちに爆発的にウケたのだが、何といってもVのまなざしの演技あってこそのものだった。Vは曲のリズムに合わせて目を開け、次のリズムでカメラをじっと見つめながら低い声で歌い出す。

　わずか20秒——。Vの視線が動くたびに客席からはハイデシベルの悲鳴が飛んだ。ベッドから下りたVは、例のあの仮面のダンスを披露する。IMAGにはセクシーなムードで踊るVの多重露出のエフェクトをかけた映像が映し出される。

「やりすぎ」の良い例

じぃぃ〜っ

100％マジ

これ、ウォーリーPDがベッドの製作所まで行って音楽を流しながら動線を撮影してきた映像ですが…

ヨヨヨヨ

プハハ！監督さん、この表情は何ですか？

メソッド演技法ね

この動画を参考にしてタイミングを合わせていただければOKです

説明もお上手な上に、大爆笑もくれるなんて

Vさんに絶対見せろと言うのでお見せするんですが…

大爆笑されたけど、意図は伝わった…

「Singularity」♪が持つ魔性の魅力は「FAKE LOVE」♪に受け継がれる。

キネシス[*1]により最大限傾けたトラスがステージ上で造形美を醸し出す中、特殊効果ひとつもなしで、ただステージに集中させるこの曲でも、もれなくJUNG KOOKの容赦ない腹筋"カソファ"が爆発した。

合間のVCRの後はSUGAのソロ曲「Trivia轉: Seesaw」♪だ。

前奏が流れ、舞台の上手側から中央に向かって青いアクリル素材のドアがスムーズに登場すると、SUGAは舞台中央で観客に背を向けてリフトに上がる。ゆっくりとドアの前に歩み寄ったSUGAは、ドアを開けて向こう側に一歩踏み出すと、ドアノブに手をかけたまま振り返り、しばし物憂げな表情で客席を見つめる。(そう、これもカソファだ)

扉には、ドアの向こう側に消えたSUGAのシルエットが映し出され、LEDには都会の夜景が流される。まるでSUGAが夜の街を歩いているようだ。

ここでは、全長18メートル、奥行き1メートルのベルトコンベア2台を前後に並べ、ドア、アーティスト、ダンサー、小道具のベンチをリズミカルに動かし、左右から中央に集めたり、中央から左右にバラしたりしながら広い舞台を存分に生かして見せた。

SUGAはベルトコンベア上を前進したり止まったりを繰り返し、ランニングマンや止まったままの移動、妖術のような瞬間移動など、様々な動きを見せる。これに合わせて夜景の映像も流れては止まりを繰り返し、映像の前にいるSUGAをより一層引き立てた。

*1 映像ハードウエアを動かす最新システム。

ただ、かっこいいから

ところで監督さん、
ぼくはなぜ振り返るん
ですか?

かっこよさそうってのは認めます。
信じてますよ、
PLAN Aの監督さんたち

なるほど、ぼくが
"ミン・チミョン"ですから*2

〈LYツアー〉の時は
室内のイメージでしたが
今回は夜の街を歩くイメージで
行こうと考えてまして〜

ドアを開けて
街に飛び出す手前で一度、
カッコよく後ろを振り返ってみて

登場は
リフトを
使います

携帯を家に
忘れてきたから?
…ってのは冗談で

カマずにまなざしだけ、
ふっと。
アーティストごとの
オーダーメイド演出って
とこかな?

た…ただ、
カッコいいから?

ベルトコンベアで
目新しい動線をたくさん…

SUGAさんは
カッコよく
振り返るのが
なんとなく
上手そうだから

*2 SUGAの本名のミン・ユンギに、「かっこいい、魅力的、ヤバい」を意味する俗語としての「치명적(チミョン チョッ)(致命的)」の"チミョン"を足したジョーク。

351

JINのソロ「Epiphany」♬が続く。

　大型ピアノをセットする転換のために追加したイントロが流れる間、直径1.2メートルの半球状の回転ミラーボール6個がEリフトに持ち上げられ、キラキラと照明を反射しながら会場に美しい光の渦を作り出す。舞台中央に設置された縦5.2メートル、奥行き2.3メートルのオブジェ然とした巨大なピアノの前にJINが座り、スポットライトを浴びている。

　このミラーボールとピアノは、どちらも「Epiphany」♬のために新たに作ったものだ。(〈LYツアー〉当時から多くの演出案を提案してきたこの曲は、後述する〈SYファイナル〉でさらに装いを新たにする)

〈LYツアー〉から歌い続けてきただけあって、この曲を歌うJINの歌唱力はパーフェクトで、加えて、曲間のブレイク部分や舞台奥の階段を上る動線、そして階段の最上段での表情の演技まで実に自然だった。

　曲は「전하지 못한 진심」♬に続く。

〈LYツアー〉のBリフトの代わりに投入されたマトリクス・リフトを利用し、メンバー4人それぞれのリフトの高低差がつくようにプログラミングして動かし、ダイナミックに演出した。

　公演終盤に向かって駆け抜ける「Tear」♬と「MIC Drop」♬の2曲は、〈LYツアー〉の演出をベースにしながら、火薬と火柱をふんだんに追加してラスト・ナンバーを飾った。

アンコールの1曲目は「Anpanman」♬だ。メンバーたちがBステージに登場すると、さながら公園のようなABRの巨大遊具が現れる。

　下手側には高さがまちまちの円柱ステップ10本が登場し、メンバーたちは体を預けたり揺らしたりしながら遊び、上手側にある大人がすっぽり入るサイズの様々な形の穴が開いた大きなアーミーボム型ウォールでは、メンバーが穴から顔を出したり、穴に合わせてアンパンマンポーズをとっておどけて見せたりした。
　中央に設置した、縦・横9メートル、高さ3.5メートルの巨大な滑り台では、メンバーたちが楽しそうに滑り下りて見せた。
　彼らは公園で遊ぶ小学生のように、肩を組んで滑り台を滑ったり、カメラに抜かれた歌唱中のメンバーの横でおどけたりしながら、メンバー同士の仲の良さを見せ、観客を"とりこ"にする。

バンタン・テーマパークのオープン日
ローズボウルでのアーティスト・リハ初日

続く「So What」♬では降り注ぐレーザー光線の中、メンバーたちがAステージとウイングを駆け回りながら、カメラに向かって思いきり愛嬌を振りまいた。

　ウォーターキャノンと、集中的に30秒間打ち上げたミニ花火でアンコールの時間を祝福した「So What」♬は、JIMINのちゃめっ気たっぷりの頬のシーンで締めくくられた。

　夕暮れから夜になるとともに、甘いムードの「Make It Right」♬が始まる。メンバーたちがステディカムにカメラ目線を送るシーンでは、会場を埋め尽くす無数のアーミーボムの輝きを背景にスタジアムでしか撮れない壮大な絵を映し出した。

　最後のトークの後、〈SYツアー〉のフィナーレ曲となる「소우주(Mikrokosmos)」♬が始まる。無数のスマホのフラッシュライトが一斉に点され、会場はまるで星が降り注いだぼくらだけの小宇宙になったようだった。

　フィナーレを飾る大量の紙吹雪が舞い散る中、メンバーたちはAステージに戻り、最後にダンサー陣と横一列に並び、観客に向かって深く一礼した。

　メンバーたちがCリフトで最後の退場をした瞬間、Bステージでは高さ12メートル、幅6.5メートルの超大型BTSロゴが明々と輝きながらゆっくりと立ち上がる。

　続いて2分間、花火が上がり続け、この盛大なフェスティバルの終わりを告げる。メンバーたちが退場しても、BTSロゴは観客がすべて退場するまで会場のど真ん中で輝きながら観客たちと記念写真におさまり、帰途に就くファンたちを見送った。

　公演のフィナーレを飾ったこの超大型ロゴセットは、来場者たちの数えきれないほどのSNSを席捲しただけあって実にスタイリッシュな出来ばえだったが、これまでに経験した演出・制作の中でも最も手のかかったアイテムだった。

　多くの会社・チームによる様々な機材が絡み合うBステージにあったことに加え、ツアー中このセットの運営を担当する（リチャードを含む）韓国特殊効果チームは、タイトなセットアップ時間の中でほぼ毎回徹夜作業の上、悪天候の日にはずぶ濡れでの作業を強いられた。

ぼくの公演人生一番の戦場だった "LAローズボウル公演" が終わり、最後の闘いである撤収作業が明朝7時まで行われた。

　そして2019年5月6日、月曜日の午後4時40分、ぼくらは寝ぼけまなこをこすりながらシカゴ行きUA661便に乗り込み、LA空港を離陸した。現地のセットアップ日程の都合上、韓国チームは火曜、水曜日を休日とした。

　それにしても天候が思わしくない。火曜日は23度ほどあった気温が、水曜日の明け方に雨がひとしきり降ったかと思えば、日が暮れる頃には気温は一気に10度まで下がっていた。

　夏の気候を想定して春夏ものの服しか用意してこなかったスタッフたちは、この異常気象に近所の衣料品店を駆け回る羽目になった。しかしこの天候は現地の人も予測不可能だったようで、寒さをしのげるような服は売ってもいなかった。（そんな理由で、辛うじて購入できた服というのがほぼ同じブランドのものだった）

　韓国チームがセットアップを始めた木曜日も、最高気温が12度にも満たず、"Windy City（風の街）" の異名を持つだけあって風も吹きつけ、体感温度はますます低くなった。挙げ句の果てには夜中に雹(ひょう)まで降る始末で、公演当日の夜の気温は7度まで下がった。

まさかの、お前もか

お前もあそこで買ったの？

監督さんも？

ホテル出て左に200m行った角の店？

なあ、みんな離れて歩かない？

おや？　いつの間にチームジャンパーが…？

野外公演の悪天候は文字どおりヘビーで、様々な演出をいっぺんに奪い去ってしまう。この異常な低温現象のため、まずはウォーターキャノンをあきらめた。

「Trivia起: Just Dance」♬でのウォーターキャノンを失ったJ-HOPEは、仕方ないと言いながらも残念そうだったが、この気温の中で観客に水を浴びせるわけにはいかない。

　交互に降り続く雨と雹のため、Bステージのセッティング作業も大打撃を受け、とうとうRMのARが2Daysともに失敗に終わるという無残な結果を味わうことになった。

　おまけに2日目に至っては、公演中も雨風が止まず、安全のためJUNG KOOKの3Dワイヤーフライングもあきらめるほかなかったし、アンコールでの滑り台も、突風でアーティストが負傷したり雨で滑ったりすることを憂慮して単なるオブジェとして配置するのみとなり、アーティストが上ることはなかった。

シカゴよ…すべてが憎い

憂うつな撤収作業を終え、13日の月曜日、午後2時、UA 230便でニュージャージーに移動する。ニュージャージーも月曜、火曜日と雨天で肌寒く、シカゴの悲劇が脳裏をかすめもしたが、水曜日になると気温が上がり始めて日中は20度を超え、夜になっても15度程度で推移した。木曜日には久しぶりのきらびやかな陽気となり、シカゴから到着した、憂うつさまでが染み込んだジメジメしたセットや機材をカラリと乾かしてくれた。

　ニュージャージーでの土曜日の公演は（RMのARを含めて）無事に終わったものの、翌日曜日の公演を前にして、再び不穏な天気予報が舞い込んできた。「公演開始の1時間後から、ニュージャージー全域で雷を伴った激しい雨が降る恐れがある」というのだ。もし予報が的中した場合、公演中断は免れない……。
　そして、いつ襲いくるともしれない雷雨にハラハラしながら日曜日の公演が始まった。幸い天が味方してくれたのか、公演中に魔の手が伸びることはなかった。

　だがしかし、撤収作業を開始して早々、スタジアムには稲光とともに雷の轟音が鳴り響いた。そのたびに撤収作業が中断され、雨を避けて退避してきたスタッフたちで控室はごった返した。
　LAやシカゴだったならばまだ心にも余裕もあり、しばし仮眠でも取ろうかという気になっただろうが、ニュージャージーでの撤収は一刻の猶予も許されなかった。韓国とアメリカのツアー機材をただちに空港に移動させてパッキングした後、税関を通してブラジルに空輸しないと、ブラジルでのセットアップ作業に間に合わないからだ。
　雷が鳴り止んだ隙を縫うようにして断続的にでも作業を行った末、平常時よりも何時間も遅れてようやくニュージャージーの撤収作業が終わった。

5月20日、月曜日、午後6時30分。ニューヨークのJFK空港を離陸したJJ 8181便は、南半球への長時間のフライトの末、翌日の早朝5時30分にサンパウロに着陸した。

　ブラジルは、さすがブラジルだった。

　終始熱狂的に歓声を送り続けるブラジルARMYたちの熱量は、会場にいるぼくら異邦人を発奮させてくれた。ブラジルARMYが自発的に企画した、スマホのフラッシュライトにイエロー、グリーンのセロファンを貼り付けてスタンドを美しく染めたイベントも実に感動的だった。

　公演が終わり、FOHから楽屋に戻る間中、コンサートに感動したと感涙にむせぶ（ほぼ慟哭（どうこく）だった）観客たちを見て、エコノミー席に押し込まれて遠いところまではるばるやってきたかいがあったと実感した。

サンパウロを撤収して再び荷物を航空便に載せ、5月27日の夜、ぼくらはLA 8084便でロンドンに向かった。

　前回のニューヨークからサンパウロまでのフライトも夜間飛行だったが、時差がほとんどなかったおかげで（1時間差）、なんとか体も耐えられた。しかし、サンパウロからロンドン区間は夜間飛行に加えて4時間の時差があり、おまけにブラジル公演の成功とツアーにも慣れてきたことで緊張もゆるんでいたのか、ロンドンのホテルに到着した途端に、とてつもない疲労感に襲われた。

　木曜日──。

　ついにサッカー王国イギリスで最も大きなサッカースタジアムであり、かつ、スタジアムのトイレの数も世界最多という珍記録を持つ、そしてかの有名なライヴエイド・コンサートが開催された場所でもあり、ビートルズ、マイケル・ジャクソン、マドンナ、U2、テイク・ザット、ビヨンセがコンサートを行った場所でもあるという、あの、"ウェンブリー・スタジアム"で韓国チームの機材設営が始まった。

ロンドンの初日公演は、全世界に向けた有料生配信が企画されており、万全に万全を期さねばならなかった。それでも、ジョエル率いるアメリカプロダクションとも紆余曲折のアメリカ大陸4都市公演をやり遂げたことで、演出の息もぴったりと合ってきたことが何よりの救いだった。念には念を入れ、完璧なカメラワークをお見せすべく韓国から4人のベテラン撮影監督も招聘した。しかし、デザインに合わせた火薬類がアメリカから着かず（イギリスの通関手続きで失敗したという話だ）、急きょロンドン現地でかき集めることになった火薬が貧相だったことが、今も悔やまれる。

　6月1日、午後7時30分、ありとあらゆる修飾語がついてくるウェンブリー・スタジアムで、全世界14万人の視聴者と6万人を超える会場の観客とともに公演が始まった——。

　序盤は実にスムーズに流れた。
　イギリス式のアクセントとイントネーションまでしっかり意識したRMの才知あふれる最初のあいさつから、天気も味方してくれたおかげで各種の演出も問題なく実行できた。コンサートを完全に自分たちのものにしているアーティストの表情にも余裕が感じられた。
　だが、誰もがこの美しい公演を思いっきり楽しんでいる時、予期せぬアクシデントが訪れた。

あろうことか、JIMINの「Serendipity」♬でシャボン玉がはじけなかったのだ。割ろうとするタイミングになってもシャボン玉はボヨンと一度震えただけで割れることはなく、JIMINを包み込んだまま。

　もう一度トライしてみたのだが、うんともすんとも言わない。おまけにシャボン玉の空気が抜け始め、JIMINの頭上でじわじわとしぼんでいくではないか。スタッフが素早く駆け寄ってシャボン玉をめくって取り除いたのだが後の祭り、すでにこの間抜けな様子を数十万人にそっくりそのまま配信してしまったのだった。

　それでも慌てることなく最後までパフォーマンスを貫いたJIMINには感謝しかない。

おお、神よ

　それでも幸いなことに、シャボン玉のABR事故以外はアクシデントもなくロンドン公演初日が終わった。

　最後のMCでJINは、フレディ・マーキュリーがかつてウェンブリー・スタジアムで見せた伝説の「エーーーオ！」と呼びかけるパフォーマンスを、イギリスの大観衆とともに行ってフェスティバルを締めくくった。

OK、ぼくうまくやりますよ！「ルーモス！」って言ったら火薬パンッ！

ぼくは火柱出すぞ〜！

ハリー・ポッターに言及するのいいよね

もし火薬はじけなかったらマジでウケるんだけどヨヨ

ヒョン、やめてよ縁起でもない

いや冗談、冗談だよ〜

次にジミンさんが上手側を見ながら「ルーモス！」と唱えると、上手側で火薬がはじけます

　翌日、ぼくらはJIMINにまた別の試練を課してしまった。

　公演中のトークで、メンバーたちが「BTSのメンバーに、実はホグワーツ魔法学校の出身者がいる」と話題に上げると、まず最初にJINが「ステューピファイ！（気絶させる呪文）」と叫びJUNG KOOKが気絶したふりをしてみせるなどして、『ハリー・ポッター』の国であるイギリスの観客たちを大いに喜ばせた。畳み掛けるように、事前打ち合わせをしたキューどおりにJIMINが上手側を指さして、「ルーモス！（暗がりを照らす呪文）」と叫ぶと、上手側で火薬がパンッとはじけるという流れだったのだが、イギリス現地で調達した火薬コントローラーのアクシデントがあり、はじけなかった。

　JIMINはそこでひるむことなく、次のキューである下手側の「ルーモス！」に挑んでくれたのだが、コントローラーの復旧が間に合わず、またしても彼はバツの悪い思いをすることになった。

　続くJ-HOPEの火の呪文は気持ちよく火柱が立ち、JIMINだけ呪文が効かない形になってしまったことは、申し訳ない限りである。

一方、2日目の公演の最後の準備過程では、思い入れの強い曲「Young Forever」♫のサプライズ・イベントの提案があった。

　客入れの最中に、前もって映像で客席に告知していたこのイベントは、公演のエンディング曲「소우주（Mikrokosmos）」♫に差し掛かるはずのところで、「Young Forever」♫が流れ出し、観客が大合唱してこの過酷なツアーを消化してきたアーティストをねぎらおうというサプライズだった。（実はぼくは、マネージメント会社が提案したこのイベントの正確な主旨を事前に聞くことができなかった。しかし、当日ぼくが耳にした観客の歌声は、間違いなく "ねぎらいの心" そのものだった）

　JUNG KOOK、JIMIN、J-HOPEの涙スイッチを刺激したこの「Young Forever」♫で、観客とアーティストはともにウェンブリー・スタジアムの歴史的なコンサートを祝った。

　月曜日、ヨーロッパツアーの最終都市であるパリに向かう。朝方、ぼくらの荷物を積んだトラックがひと足先に出発すると、身軽ないでたちになったスタッフたちは午後、ユーロスターで移動した。

　火曜日は丸1日オフを過ごし、週末ではなく金曜、土曜の公演を行うパリのスケジュールに合わせるため、普段よりも1日早い水曜日の午前、パリのスタジアムに向かった。

　最後のパリでも、気まぐれな空がぼくらを待ち構えていた。

パリでは、セットアップ作業に取りかかるやいなや雨が降り出した。ツアー中はさんざんな悪天候に悩まされ続けてきただけに、ちょっとした雨程度なら慣れっこで、むしろ天気が良いほうが不自然なくらいだったが、今回のパリ公演当日の天気予報は大型"台風"、それも公演開始時刻には間違いなくパリに上陸しているだろうというすさまじい予報だった。

　会場の外にあったブースはすでに撤収が始まっており、会場側は台風の状況次第では夜8時開始の公演を1時間後ろにずらしてもよいという許可を出しながらも、11時半までには必ず終演することと釘を刺した。そうなると公演で使える時間は正味3時間にも満たなくなり、セットリストからいくつかの曲を外さなくてはならない。ぼくらは急遽メンバーたちと協議して削除する曲のリストを作成した。

　台風の状況によっては不可能となる演出もあることをアーティストに伝えた後、スタッフ全体に向けて、遅延時間別、台風状況別の変更内容を告知した。

韓国を出発してから52日目だった2019年6月8日──。

　パリ公演が無事に終了した。台風はぼくらを大いに脅かしたものの、幸いなことに想定の範囲内での対応だけですんだ。

　アンコールの段階になり、A‐Bステージをつなぐ地下の台車でメンバーたちが叫んだ「うわぁああ！　もうすぐ家に帰れるぞぉぉお！」という歓声は、舞台近くにいたスタッフ全員に聞こえたほどの大音量だった。

　長い旅程の最後の撤収を終え、機材をしっかりとパッキングする。一部は航空機に乗せて日本へ送り、一部は船に乗せて韓国に帰す。

　月曜日の昼、パリでのごく短いオフを過ごし、夜7時50分のOZ502便で、指折り数えて待ちわびた懐かしい母国、韓国へ向けて飛び立った。

日本でのプリプロダクションのための出国までは、ちょうど2週間あった。

　ぼくは子どもたちとスーパーに行ってアイスクリームを買い、夜にはお風呂に入って『アナと雪の女王』シャンプーで髪を洗ってやり、一緒に枕投げやかくれんぼをして遊び、久しぶりに父親のお墓参りにも行ったりした。

　これと並行して、日本行きのカーゴをパッキングし、これまでのツアーの精算を行い、日本公演のトークの台本を書き、そしてそんな最中に、他アーティストの公演もひとつ手掛けた。

　この頃、最も骨の折れた業務はというと、これまでアメリカのプロダクションマネージャーが交渉と管理を担ってきた現地プロダクションの一部を、次の日本公演からPLAN Aがオリジナルチームとして直接管理し、国内の取引先と同様に交渉などを行わなければならなくなったことだ。

ぼくらにとって伝統のプリプロダクション名所とも呼べる幕張で、日本公演のプリプロダクションが始まった。

　日本チームが〈SYツアー〉で何度も訪問しており、あらかじめ詳細を詰めておいてくれていたおかげで進み具合も早かった。重点を置いたのは、"インテグレーション・デッキ"の作成で、数台のリフトとABRが埋め込まれているステージを一体化する作業だった。この作り込み作業は日本の舞台チームが鮮やかに仕上げてくれた。

　最初の会場である大阪のヤンマースタジアム長居へ向かう。7月の上旬から半ばの日本ということで、当然蒸し暑さと雨を覚悟して冷房機器を舞台袖に総動員していたが、幸いなことに思ったほど暑くもなく、雨にもかわいく思える程度にしか降られずにすんだ。

　細かな演出の修正もあった。3Dワイヤーフライングは会場の天井に直接リギングして、飛行半径を広く取った。厳しい芝生保護規定のためロゴセットを割愛し、公演時間が日中だったために見えなくなるレーザー演出も省いた。その代わり、日本ではウォーターキャノンを追加で発注し、フロア外角に設置した。また、「소우주（Mikrokosmos）」♬の後、トロッコに乗ってスタジアムを一周した。

　日本は音楽市場が大きいだけに、ドームやスタジアム級のコンサートが多く、ライブでのトロッコ演出に関してもその歴史が古い。観客もアーティストがトロッコに乗って手を振る姿を好むことから、名実ともにトロッコ部門世界最強国だといえる。ゆえに、日本のトロッコのベースを手配して、そのベースの上に10月の蚕室ファイナルで使う予定で韓国で作ってきた構造物、LED、透明の手すりを設置した。

大阪の公演初日。

午後8時以降（随分と早い）は音響出力の規制制限に引っ掛かるためもあるが、週末には公演を早い時間から開催するという日本の慣習もあって、公演開始時刻は日没どころかまだ太陽がギラギラと輝く午後4時30分からとなった。

多国籍スタッフが息を合わせた公演は、完璧に進行した。音響レベル制限のためにサウンド面では多少残念な点もあったが、初日の公演は、アメリカ大陸ツアーではあいつぐ人災や天災でかなえられなかった演出をすべて実現することができ、大変満足のいくものとなった。

2日目も最後まで無事に終わるであろうと思っていたが、予想外のバグというのは、常に楽観論の中に現れる。

天災か、人災か

大阪でのSUGAのドア・ミステリーは謎のまま、次なる開催地、静岡に到着した。静岡は、東京から240キロ南西に離れた位置にある地方都市だ。山道（！）に沿って10分ちょっと車を走らせている道すがら、韓国チームは「本当にこんなところにスタジアムがあるの？」と驚いた。

　これを言い換えるならば、交通の便も不便そうな郊外のスタジアムで公演が開催できるということ、それも2公演も開催できるというのは、高い忠誠心をもつ巨大ファンダムなくしてはあり得ないという証拠だ。

　セットアップはざあざあ降りの雨の中で始まった。

　初日の公演が始まっても雨は止むことを知らない。合間のVCRになるたびに舞台上の水気を拭き取るのに忙しかったが、きちょうめんにノンスリップテーピングを施したBステージでの舞台は光を放っていた。25度を超える気温の中の雨天だったので、むしろウォーターキャノンは思いっきり放出することができた。暑い中、雨天の野外コンサートで観客とアーティストがともに雨に打たれながら飛び跳ねる姿は、野外公演ならではのひとつの醍醐味でもある。

　アンコールの時間になってようやく暗くなり始めた静岡の空を、フィナーレらしく圧倒的な花火が飾った。

LAに始まり静岡まで──、大陸を股にかけた8都市16公演が幕を下ろした。

　まるでリーグ戦を戦うように一戦一戦を乗り越え、8と16という数字をただひたすら満たしてきた。

　一日千秋の思いで待ち望んだ除隊の日と同じくらいに、遠い先のことのように感じていた長いツアーの終わり。次は蚕室での決勝戦を準備する番だ。

　静岡の機材を無事に撤収して、こんなふうにリーグ戦を終える
の
だ
と
思
っ
て
い
た
のに、終わることなく延長戦が追加された。

　それも未知の世界、中東──。サウジアラビアの首都、リヤドでだ。

一緒に行こう、延長戦

おかげさまで
公演が無事
終了できました

ハハ、すでにPLAN Aが
準備万端だったからですよ

次回はちゃんと事故でも
起こしましょうか？ww

ケビンさん、
WAKE UPの打ち上げで
ウソつきましたね。
ドームツアーにとどまらず
スタジアムツアーまで
やっちゃったんだから

準備をしっかり
進めてくださったおかげで
後で本に書けるエピソードが
なさそうなんですけど？
ジナヌナも本当に
お疲れさまでした

ところで…ぼくら…
一緒にサウジ
行きましょうよ

いつも
ありがとうございます！

サウジ？
サウジアラビア？
中東の？

PDさん、
本に私のことも
書いてください
ますよね？

サウジもぜひ
手伝ってください、
皆さん

サ、サウジ？
私、聞き間違え
ましたか？

お疲れさまでした、
チームTAIT！

雨の中お疲れさま
でした！

ケビンとウォーリーが
来月下見に
行くそうです

ありがとう、
ウォーリー。
君の指示出しは
完璧だった

サウジは
とんでもなく
暑いだろうね？w

サウジの件が
いまだに
まとまってなくて
大変だよ

シモン

ダン

373

結pt.2_延長戦、サウジアラビア・スタジアムツアー : 2019年、秋なのに夏

　中東の国、サウジアラビアはとにかく興味深い国だ。まず、21世紀としてはかなり珍しい専制君主国家である。イギリスやタイのように憲法の下に王が存在するのではなく、サウジアラビアでは王が法であり国家であるという、まさに不可能などない最高権力者だ。国営の石油会社が国家財政収入の大半を占める産油国のおかげもあって税金がなく（！）、雑用はもっぱら人件費の安い外国人の仕事だ。だからなのか（？）人々が親切だ。そして、週末とは金曜日と土曜日のことを指す。

　大衆文化が貧弱で抑圧されたイメージがあったが、2017年に若い皇太子が実権を握ってからはイスラム穏健路線に舵を切り、女性の参政権や運転免許取得の許可、男女同席も承認されるなど、社会全体が多少穏やかな雰囲気になったこともあり、西洋のアーティストたちが度々コンサートを行ったりするようになった。K-POPとしては、2019年7月にSUPER JUNIORが先陣を切ってサウジアラビア第2の都市ジッダで単独コンサートを開催している。

　だが、依然としてできないことは多い。厳格なイスラム法により、豚の成分が含まれる食べ物が食べられない。酒を造って売り買いすることも違法で、これは外国人も例外ではなく、海外から酒を持ち込めば鞭打ちの刑に処される。パスポートにイスラエルを訪問した履歴があると入国できないし、女性は外出時にはアバヤという黒い衣装で顔以外の全身を覆い隠さなければならないなどが挙げられる。

＊1 2018年より付加価値税を導入している。

公演カルチャーの黎明期にあるサウジアラビアの公演マーケット事情は、ヨーロッパのチーム（業界、会社）が牛耳っている。ぼくらの公演の担当者も隣国ドバイで働くヨーロッパ人で、機材や人材もヨーロッパやドバイなどのあちこちからかき集めてきたと言っていた。

コンサートの2カ月前、サウジアラビア（以下、「サウジ」）担当のウォーリーPDと下見に行く。ドバイを経由してリヤドに到着し、空港の外に出ると、まるで100台のエアコン室外機に出迎えられたかのごとき、むせかえるような暑さだった。

夜10時、なのに、そして、なんと、気温36度だ。

ぼくの知る限りでは、砂粒さえ燃え出しそうなほどの日差しが照りつける砂漠だって、太陽が沈んで月と星が主人公となる夜には肌寒さを感じるほどになるという話だったが、そんなのは全部大ウソだった。

これで夜なのか？

375

翌朝、コンサート会場下見のためにホテルのロビーに集合したのは6時30分。その時点で気温はすでに35度だ。それより遅くなると暑すぎて野外会場の見学は厳しいという話だったが、早朝の日差しだって、世界中の湿気を蒸発させんとばかりに強烈だ。

　どうにか下見が終わると、リヤドに一軒だけという韓国料理店に足を運ぶ。公演の時に韓国料理のケータリングとして使える味かどうかを確認するためだ。社長は韓国人だったが、韓国人が少ないほかの都市の韓国料理店と同じく、韓国料理のほかに中華や和食など、アジアンフード全般を切り盛りしているので、メニューが豊富だった。

　食事の後、迎えの車を待って食堂の前で3分ほど待機していたのだが、花様年華を迎えた真昼の太陽が、ぼくの皮膚めがけて鋭い日差しをまさに"発射"する。

リヤド公演の有料生配信も確定し、カメラマン14人、チーフク
ラスの照明スタッフ8人を韓国スタッフで補うと、Cパーティーは
実に80人という大所帯になった。ここにはアメリカのTAITチー
ム6人、ARチーム2人、そして日本の舞台チーム9人も含まれる。

　今回はプリプロダクションなしの公演となるので、日本のプリ
プロダクションの際に入念に作り込んだインテグレーション・デッ
キをそのままリヤドに運び、セットアップ時間に余裕を持たせよ
うというもくろみだ。

　韓国の海上カーゴ以外にもアメリカ、クロアチア、そして日本
からは海上と航空でと、機材が続々とリヤド入りする。

　韓国に秋が訪れた2019年10月6日──。ぼくらはドバイ経由の
リヤド行き飛行機に乗り込んだ。

出張用の食料調達で豚のありがたみを悟る

リヤドに降りてすぐ、女性スタッフにアバヤが支給された。暑さを避け、翌日の朝と夜に韓国のカーゴを降ろす。勝手がわからずもたつくアルバイト、うだるような暑さ、1日5回あるイスラム教徒の祈りの時間で、セットアップは遅れに遅れ続ける。しかし、「朝と夜に働いて、昼間は暑いので休憩する」というローカルチームも、セットアップが差し迫ると昼夜を問わずひたすら作業を続けた。

　リヤドのあちこちのランドマークが紫色の光に染まってBTSを歓迎した日の夜、実際の公演開始時間に合わせ、アーティスト・リハーサルが始まった。

　公演当日。黒いアバヤをまとった観客がキング・ファハド国際スタジアムをいっぱいに埋め尽くした。
　30度を超える暑さの中、メンバーたちは汗びっしょりになりながら、スタジアムに集まった3万人の観客と全世界から生中継を見守るファンのために、情熱的な公演を披露してくれた。

　リヤド公演の花火は、これまでの〈SYツアー〉の中で最も豪華だった。会場の屋根に沿って360度ぐるりと火薬を設置し、どちらの空を見上げても花火が見えるように仕掛けた。

リヤドからの撤収と、帰国過程は並大抵のことではなかった。

　ドバイ〜仁川間の航空券が入手できず、もう1泊することになった。日本チームはドバイ〜東京間が台風で欠航し、リヤドから出発すらできずにホテルに戻ってもう1泊した後、リヤド〜ドバイ〜マニラ〜東京と飛行ルートを変更してようやく出発した。

　それよりもっと大問題だったのはカーゴだ。

　海上と航空に分かれて4カ国からリヤドに入ってきた機材は、それぞれリヤド入りした時と同じ方法で出国することになっていたのに、リヤド税関が「海上か航空、どちらかひとつにまとめて出してくれ」と理不尽な気まぐれを起こした。

　そのすぐ8日後に蚕室でのセットアップを控えているぼくらには、もう選択肢がない。蚕室で絶対に必要となる機材のために、急を要さない機材まで空輸する羽目になり、莫大な航空運送料が上乗せされることになった。泣く泣く大急ぎで調達した貨物機もソウルへの直行機ではなく、香港を経由してからソウルへ向かった。

　それでも、延長戦となったサウジアラビア公演が終わり、〈LYツアー〉から〈SYツアー〉という長い道のりを経て、残るはソウル、蚕室メインスタジアムのみとなった。

結pt.3_花様年華の果てには何があるのか。
ソウル蚕室メインスタジアム: 2019年秋

〈LYツアー〉の口火を切った会場——蚕室メインスタジアムに1年2カ月ぶりに戻ってきたぼくらの最後の課題は、〈BTS WORLD TOUR 'LOVE YOURSELF: SPEAK YOURSELF' THE FINAL〉（以下、〈SYファイナル〉）という非常に長いタイトルがつけられた〈SYツアー〉の最終公演を、盛大かつ安全に行うことだ。

　なにしろ、空前絶後の蚕室メインスタジアム3公演だ。（週末公演直後の月曜日が中休みとなり、千秋楽はよりによって平日の火曜日となった）

　会場に訪れる満員御礼の15万の観客に加えて（BTSはこの公演で、「蚕室メインスタジアムでの公演回数が最も多いアーティスト第2位」にランクインする。第1位は、デビュー50年を超えるチョー・ヨンピル御大だ）、公演当日にライブビューイングやインターネットの生配信を見る観客、そしてのちに発売されるDVDを見るであろう観客まで合わせると、この公演の最終的な総観客数は……もはや見当がつかない。

　もうひとつ、ここからは海外のプロダクションの協力なしとなる。PLAN Aと韓国プロダクションがこれまで海外のプロダクションに任せていた役割まですべてを担い、公演に関わる全責任を背負い、同時に大勢の多国籍スタッフの責任も一手に負わなければいけない。

だが、〈SYツアー〉で、地球上最もステータスの高い会場まで登りつめ、ありとあらゆる戦闘を終えたツアーチームだ。ぼくらは、〈SYファイナル〉に投入される新機材のためのプリプロダクションまでをも完璧に終え、メインスタジアムのセットアップに取りかかった。

　〈SYファイナル〉のセットアップ現場はまたしても時間に追われる。直前の週末までメインスタジアムを使っていたよその一行が撤収を終えた2019年10月21日、月曜日の朝になってようやくぼくらのセットアップに取りかかれた。
　金曜日の夜のアーティスト・リハーサルまで、残り4.5日。加えて、いつも突然ぼくらを困らせる気まぐれな天気まで考慮すれば、その日の作業ノルマはその日のうちに終えておかねばならない。

　日本チーム、TAIT、ARチームが続々と入国し、そして最後まで一緒のF9も現地入りし、再会の喜びを分かち合う。

サウジ出国後の（？）思いがけないチキンパーティー

天気も味方してくれる中、順調に進められていたセットアップ現場に悲報が舞い込む。リヤドを出発して火曜日の午後に到着するはずだったカーゴが、何度もディレイを重ねているという。現場スケジュールは完全になし崩しになった。マトリクス・リフトやインテグレーション・デッキ、ヒョウのABRなどが届かないため、最も重要なAステージの作業ができないのだ。急いでスケジュールを立て直すとともに全チームが緊急待機となる。

　だがしかし、ツアーチームの底力はこんな非常事態にこそ発揮される。カーゴ到着までの30時間ディレイという大幅に遅れたスケジュールを、韓国、日本、アメリカの各チームが水曜日に徹夜することで一気に挽回した。

　金曜日の夕方、RMが「Trivia承: Love」♬のリハーサルを始めようとしたその瞬間、激しい雨が降り出してリハーサルが中断される。1年前には台風に見舞われたし、いつも雨に悩まされてきた〈SYツアー〉の間中は、天気予報をチェックするのが習慣になっていたのだが、この日は間違いなく「降水確率0%」の予報だった。それなのに約20分の間、空に穴でも開いたような大雨が降ってきた。

　思えば、蚕室にいる10日間のうち、なぜかその瞬間だけ雨が降った。まるで〈SYツアー〉の間ずっと世界中をつきまといぼくらを苦しめた雨が、最後の公演を前に別れのあいさつでもしに来たようだった。

　真っ青な秋空の土曜日、初公演が始まった。

　韓国製の火柱が空へと高く噴き上がって夕方の澄んだ空気を鋭く切り裂き、鮮やかにはじける火薬と2頭のヒョウの登場から『Dionysus』♬が始まる。

久しぶりに韓国語であいさつをするメンバーたちの顔は、みんな笑顔でいっぱいだ。日本からサウジアラビアまでともにしてきたステディカムの日本人監督とメンバーたちが「Wings」🎵で見せるあうんの呼吸といったら、それはもう、完璧以上だった。

　続くVCRで、画面の中のJUNG KOOKがスタンドを点けた瞬間、会場全体の無数のアーミーボムも一斉に光り輝く。92％を超える驚異的なペアリングを記録した蚕室の観客たちだからこそできた演出だ。

　ツアーでTAITチームとたゆまず磨き続けた「Trivia起: Just Dance」🎵と「Euphoria」🎵は、その成果を発揮して、優雅に蚕室を彩った。

　総立ちになった観客と楽しく飛び跳ねながら歌う曲は、VJを新しくアレンジした「Best Of Me」だ。

　クリスタルのような透明のシャボン玉をはじかせたJIMIN「Serendipity」🎵では、会場のあちこちに設置された100台（！）のバブルマシンのスイッチが押された。特に千秋楽公演では、風に乗ったシャボン玉が実に美しく空高く舞い上がり、100台を設置した特殊効果チームの苦労が報われた瞬間だった。

　ARで遊ぶかのような余裕を見せるRMの「Trivia承: Love」🎵では、3日間それぞれ最後のメッセージを日替わりで変えながらファンへの愛をかわいらしく表現した。広大な客席をキャンバスに見立てたアーミーボムは、歌詞の内容に合わせてキラキラと輝いた。

　愛嬌たっぷりの表情を浮かべながら歌う「작은 것들을 위한 시（Boy With Luv）」🎵と、客席の元気いっぱいの大合唱をオケ代わりに盛り上がった "BTSメドレー"、そして続くVCRが終わると、ベッドに布で半分ほど縛られた（！）Vが姿を現す。

大人の色気をこれでもかと放ってきたVのソロステージは、バーガンディー色の布に覆われたベッドと、その上に横たわるVの体にかけられたきらめく赤いメッシュのクロス、そして黒鳥を思わせるような漆黒のコートで、蚕室の観客たちの深いため息を誘った。

この布を、半分は縛って半分はかけられてるように置くつもりなんですけど

リハーサルやってみます

縛られているようで、縛られてないような

演技のネタを差し上げます

昨日は最初に布を見た後カメラに目線送ったけどどうでしたか？

今日はどんな感じにしよっかな

よかったですよ

彼はこのシーンが気に入った模様…

顔天才の上に努力までするなんて〜

わぁ…表情演技の達人オーラが…

新しいベンチとVJで装いを新たにしたSUGAの「Trivia轉:
Seesaw」♫では、客席のアーミーボムが夜の街並みのVJに呼応す
るように輝いて、スタジアム全体をコンクリートジャングルの光
に染めた。

　続くJINの「Epiphany」♫には、最も大きな変化を持たせた。〈LY
ツアー〉の時から多くの演出案を経て、〈SYツアー〉の最後となる
〈SYファイナル〉でようやく納得いく演出にたどり着いたのだ。半
球ミラーボールが回ってムードあるイントロが終わると、ステー
ジには白く輝く直方体のフレームがせり上がり、初日は前髪を下
ろした"アンカンジン"スタイル、2日目以降は額を出した"カンジ
ン"スタイルと、日替わりでイメチェンしたJINが、そのフレーム
の中に立っている。JINの前後左右には、彼を覆うように雨が降り
しきる。"レインブース"と呼ばれる、無限給水フレームだ。

「Epiphany」♫演出、たぶん52番目のアイディアのためのプリプロダクション

*1・*2　前髪を上げて額を出すという意味に使われる「까다(カダ)」から、その髪型(モリ)を「カンモリ」と呼ぶ。
　　　　ここでは、+JINで"カンジン"。"アンカンジン"はその逆で、前髪を下ろした髪型。

385

レインブースで叙情的な雰囲気を添えたイントロから始まり、エンディングではLEDとリフトを活用した圧倒的なバラードを披露し、ツアー中ぼくらを大いに悩ませた「Epiphany」♬の演出は、美しい形で締めくくられた。

「전하지 못한 진심」♬に続いて、Bステージで「Tear」♬が始まる。突如Bステージの縁から炎が噴き出し、舞台のへりをめらめらと飾る。80メートルにわたって張り巡らせたラインバーナーが堂々と炎を噴き上げ威容を誇った。

大観衆がアンコールを叫ぶ間、3階・4階のスタンド席のファンたちがアーミーボムを使って「SPEAK YOURSELF」と、紫と白の2色で描き出してくれたシーンは、この公演の中でも深く印象に残っている。次々とウエーブを繰り出し、（まだステージにはいない）アーティストに向けて、また互いをも応援し合う観客の姿がほほえましかった。

アンコールの「Anpanman」♬の遊具のABRも、新たに制作し直した。公園で一緒に（！）遊ぶ少年たちの "わちゃわちゃ" がよく見えるように、メンバー4人が同時に乗れるくらい幅の広いすべり台を作り、頂上部分を広い円形にし、みんなで一緒に遊べるようにした。

また、このABRを素早く転換できるように、Bステージには大型スライディングデッキを作っておいた。素早くて丈夫な上、見た目もすっきりしていて上出来だったが、その地下ではスタッフが4人がかりで、チェーンがかけられたレバーを必死に（誰かの表現を借りれば "ローマ時代の奴隷のように"）回さなければならなかった。

続く「So What」♬の楽しいミニ花火が終わると、夜の屋外雰囲気あふれる「Make It Right」♬だ。この曲は〈SYツアー〉の中で"ARMY TIME"（歌の間中、全観客がアーティストに向かって共通のスローガンを掲げるイベント）のための曲だったのだが、最後となる蚕室公演では、いつもとは逆の"BTS TIME"を披露した。これまでスローガンを懸命に掲げてくれた観客にお返しをしようという意味で、当日、メンバーたちが考えた言葉を曲の最後に伝える。

「ぼくらの始まりと終わりはいつも君だよ（우리의 처음과 끝은 항상 너야）」

「心配しないで、ぼくらはもうお互いの支えだよ（걱정 마, 우리는 이미 서로의 의지야）」

「防弾という天の川にARMYという星たちをちりばめる（방탄이란 은하수에 아미란 별들을 심다）」

それぞれ3日間、メンバーから捧げられたメッセージに、観客たちは皆、胸を打たれた。

ツアーの最終都市の最終日、そしてこれが最後のトーク。もうこの段階まで来ると、アーティストたちも湧き上がる気持ちを抑えることができない。いつもおどけて見せているJINですら、泣きそうになっては何度もトークが止まり、RMは自分の順番が来る前から涙で目を光らせ、ついには大粒の涙がこぼれ落ちる。

続く「소우주（Mikrokosmos）」♬では、メンバーたちの歌声が潤んでいた。

＊1 応援バナー。K-POPコンサートでは、紙や布などにメンバーの名前やアイドルへのメッセージなどを書いてファンが掲げるもの。

「소우주 (Mikrokosmos)」♬では、ドローンショーが5分間、夜空
を見事に彩った。様々な惑星や、BTSとARMYのロゴに形を変え
るドローンは観客の目を大いに楽しませた。

　アーティストの熱くなった目頭をカメラがとらえ、「소우주
(Mikrokosmos)」♬が終わると、長い後奏となる。メンバーは3人
と4人に分かれてステージの両側からトロッコに乗り込むと、手を
振りながらスタジアムを大きく一周して反対側で下車する。

　フィナーレを飾った最後の花火は想像以上に圧観だった。
　ぴったり2分間、莫大な予算を投じた華麗な花火が漆黒の夜空
を満開の花畑に変えた。火薬ひとつひとつの角度と高さを細かく
計算し、シミュレーションを重ねてデザインした、特殊効果チー
ムが全力で準備した花火だ。会場の規定上、花火が上げられるの
は夜9時30分まで。9時28分までにはスタートボタンを押さねば
ならないので、3日間とも、花火を打ち上げるタイミングを見極め
なければならなかった。
　初日はメンバーがトロッコに乗る前、2日目はトロッコの上、3
日目はトロッコを降りてすぐ花火が打ち上げられた。
　全日ともにきっかり、9時28分だった。

RMは最後までずっと目のふちに涙をにじませ、ひと言話せば100粒の涙がこぼれてしまいそうなのか結局何も言い出せないまま、ただ手を振り続けていた。

　上気した表情で退場した彼の姿が、ぼくの記憶の奥深くに刻まれてこの長いツアーの旅程は幕を下ろした。

エピローグ

　そして……、そんなRMを見つめるぼくもおそらく彼と同じような表情をしていたはずです。

　千秋楽を迎え、ぼくらは楽屋で最後のあいさつを交わしました。
　7年とちょっとの間、様々なプロジェクトで数えきれないほどの公演をともにしたBTSとPLAN Aの別れの時でした。

　笑顔で記念写真を撮り、互いの未来を心から祝福し、両手を広げてきつく抱き合う美しい別れ——。

ぼくらの別れを祝福するかのように、〈LYツアー〉から〈SYツアー〉で幕を閉じるまでの世界延べ30都市62公演、会場の集客だけでも200万人以上を集めた（2次コンテンツなども合わせると550万人が観覧したという）この長いツアーは、たくさんの賞にも恵まれました。

　アメリカン・ミュージック・アワードの「Tour of the Year」に選ばれたほか、"全米一の10代の祭典"ティーン・チョイス・アワードの「Choice Summer Tour」や、チケット・マスターの「2019 Touring Milestone Award」にも選ばれました。
　また、イギリスの老舗音楽雑誌『NME』は星5つをつけて満点のツアーだと絶賛し、ウェンブリー・スタジアム公演を「Music Moment of the Year」に選定しました。
　K-POPの世界を長らく旅しているぼくにとって、これらの賞は、旅の途中で出くわした胸いっぱいの出来事にほかなりません。

　長い旅路の途中では、似たような境遇の旅人に出会います。駅のホーム、遺跡のチケット売り場、ゲストハウスのリビング、パブのレジなど——、その出会いが偶然でも必然でも、気が合って目的地が同じだったなら、半日あるいは数日を同行する。そして途中でそれぞれ別の行き先を選ぶことになり、そこで別れることもあれば、数日後にどこかでばったり出くわして、再び行動をともにすることもあります。

すでに踏み出した長い旅の中で、"今この瞬間から最後まで"をともにする仲間に出会うということは、たやすいことでもなければ、いいことばかりでもありません。

　旅の本質とは、様々な仲間との出会いや別れ、大小の喜びや寂しさを経験する中で、一人であろうが他人と一緒であろうが、揺らぐことのない自分をつくる過程にあるからです。

　世界の果てまでともに歩んだ7年という長い旅が終わるのは寂しいけれど、慣れ合うことが旅の目的ではないのだから、寂しがることもありませんね。

　PLAN Aが歩んでいる長い旅はぼくらが切り開く道に沿って、これからも続いていくのですから。

「頂上に立ち、もう上るべき坂がないことに気づく瞬間」が「花様年華」の定義なら、まさに蚕室メインスタジアムでのあの公演が、ぼくらの公演人生における初の花様年華でした。

〈花様年華 ON STAGE: EPILOGUE〉のエンディングVCRで、ぼくがメンバーに投げかけた「花様年華の果てには何があるだろう？」という質問に、今度はぼくらが答える番です。

PLAN Aは、創作への情熱に、BTSと積み上げた強靭^{きょうじん}な経歴をプラスして、また別のアーティストと、また別の公演で、また別の会場で、人々を魅了するコンテンツを作り上げることで、第2の頂上、第3の花様年華を目指して険しい上り坂を思い切り登り続けているところです。

　K-POPが世界中に浸透しつつある今、まさにK-POP時代の最前線で航海するPLAN Aは、これからもたくさんの新たなコンサート演出記を綴っていきます。

想定よりも1年以上多く費やすほど、本の執筆に随分時間がかかりました。ページ数も計画以上に増え、推敲（すいこう）にも時間がかかりました。

　執筆当初に目指したこと——公演に興味を持ってくれた人々にとって、何らかの糸口となり、PLAN Aが演出してきたBTSコンサートの意味と歴史を記録しよう——という目標が、この本によって達成されたと信じたいです。

　重ねて、新型コロナウイルスが無残にもぶち壊した世界中のコンサート業界で苦しむ多くの仲間たちに、この本が少しでも慰（なぐさ）めになってくれたらと思います。
　照明を浴びて立ち込めるスモークの香りを一緒に嗅（か）ぎ、心臓を震わせるスピーカーの音を一緒に聞ける日が、一日でも早く訪れることを願っています。

最後にこの本が、9年前に出版した『キムPDのショータイム』以来の次回作を誰よりも待ちわびていたであろう、敬愛するぼくの母に、次男からのよい贈り物となることを祈ります。

　また、ハングルの読み書きができるようになったユンと、もうすぐ読めるようになるヨンが、「どうして私の赤ちゃんの頃の写真には、ほかの友達みたいにお父さんと一緒に撮った写真が少ないんだろう？」と疑問を抱くようになった頃、この本を読んでその理由を知り、アッパのことを許してくれますように。

　そして、海外出張だらけの夫のせいで苦労ばかりかけたユジンには、この本の厚みと同じくらいの、感謝と愛が伝わることを願っています。

2021年2月10日0時52分、
いつか訪れるであろう、長いトンネルの出口を待ちわびながら。
瑞草洞のオフィスにて

エンディングクレジット

ここからは、非常に長文かつ個人的な話になります。ただでさえページ数の多いこの本を、ここまで読むのに苦労されたと思います。この段階で読むのをやめても十分に「読了した」と言えるので、今すぐ本を閉じても構いません。

3時間近くの公演が終わると、最後にエンディングクレジットのVCRが流れます。アーティストの公演に向けた練習風景を集めた映像の上に、スタッフの名前が延々と流されるもので、会場のファンたちは画面に映るアーティストの顔を最後にもう一度見ようと最後まで残っていたりします。一方、スタッフたちにとってこの映像は、小さな文字で、それも多くのスタッフに紛れながらも映し出される自分の名前を見つけて、やりがいが実感できる瞬間でもあります。と同時に、もしも自分の名前が抜けていたり、綴りが間違っていたらどうしようと、気をもんだりもします。そこでぼくはこの本の締めくくりとして、本の中に書かれた出来事をともにした人々へ向けた、エンディングクレジットを書くことにしました。小さな文字ではあるけれど、一瞬で消え去るVCRとは違う、活字として永遠に残るこのクレジットで、感謝の気持ちを伝えたいと思います。

まずは、少年期の終わりと青年期の始まりをともにしたメンバーの話をしないわけにはいきません。ナムジュン君、今まで黙っていたけれど、ぼくはナムジュン君のことが一番好きでした。思慮深く、思いやりの心を持ち、忍耐力まで兼ね備えた君のようなリーダーに出会えて本当に幸せでした。君が〈WINGS FINAL〉で見せた「Born Singer」のラップは、ぼくの「人生ラップ」となりました。それからソクジン君、過酷なスケジュールの中でも明るくみんなのムードメーカーとなってくれた君に、スタッフたちは皆、心の中でとても感謝していました。あんなにもたくさんの公演をこなしたのに、（少なくとも表では）一度も体調を崩すことがありませんでしたね。ソクジン君の頑丈さにも心から感謝しています。ユンギ君は、いざとなれば何でもできる万能"ミンPD"。公演の演出はどのようにすればいいのか、どうやったらPLAN Aに入社できるのかと根掘り葉掘り聞かれた〈WAKE UP〉VCR撮影現場での姿がいまでも目に浮かびます。ユンギ君は必ず成功すると思っていました。いつかヤンコチの店で会えますように。何より、心身ともに幸せな日々を過ごしてほしいと願っています。ホソク君、騒がしくてごった返す楽屋に演出チームが入るたびに、大声で「監督さんがいらしたぞ、メンバーたち集まれ〜！」と叫びながら、会議の雰囲気作りに協力してくれてありがとう。BTSが成功をおさめている大きな理由のひとつは、ホソク君がチーム内の静かなカリスマ的存在として定着しているからだと確信しています。気球に乗る時、絶対怖くないから乗ってみてと言ったこと、反省しています。ぼくも初めて乗った時は実はちょっと怖かったんです。ジミン君、数多くのアーティストを見てきたぼくでさえため息が出てしまうくらい美しいムーブ、それにぴったりの声まで兼ね備えた君の舞台でのパフォーマンス、ぼくは密かに大事にしていました。気さくに演出チームに近づき、いたずらを仕掛ける姿をしばらく見られないかと思うと残念です。テヒョン君、いつも自分の役割をきちんと果たし、最後の公演ではスタンバイまで速くなり、今ではすっかり完璧な姿を見せてくれていますね。深みを増した君のまなざしのように、奥行きのある人に成長すると信じています。末っ子のジョングク君、できないことは何ひとつない、黄金の末っ子、多才な筋肉君。空高く上がる気球に乗ってもワイヤーにぶら下がっても、臆せず舞台をのびのびと楽しむ姿は本当に忘れられません。鹿のような目をパチパチさせながら、少し訛りの混じった照れ臭そうな声で話すジョングク君の姿が懐かしいです。ジョングク君に会えなくなると思うと、とても寂しいです。

BTSより前の2AM時代から、ちょうど10年をともにしたBig Hit Entertainmentに感謝いたします。どんなに褒めても褒め足りないパン・シヒョクPD、最初から最後まで実に愉快にリードしてくださったビジネスマンかつセンスの塊、ユン・ソクジュン代表、昔からの親友、または兄弟のように過ごしてきたキム・ドンジュン室長、思慮深い人とはどんな人なのかを教えてくれるヌナ的存在のイ・サンファ室長、演出パートナーとして誰もが認める偉大なパフォーマンスディレクターのソン・ソンドクチーム長、ビジュアルディレクターのキム・ソンヒョンチーム長に格別の感謝をいたします。音楽制作チーム、コンサート事業チーム、コンテンツ事業チーム、マネージャーチーム、LCチーム、ダンサーチーム、バンド、Lumpensにも感謝いたします。いつも温かい助言をくださるBig Hit Japanのイ・ミョンハク代表、リュ・ムヨルチーム長はじめスタッフの皆さんに感謝いたします。

国内外で一緒に公演を作ってきた制作者の方たち、ありがとうございます。CJ ENMのキム・ユンジュ局長、イ・ユギョンさん、カン・ミニさん、イ・ドンヨプさん、キム・ヘソンさん、そしてパワーハウスのハ・チョンシク代表、ライブネーションのキム・ヒョンイル代表、ナム・ヒョニョン理事、ソン・ジニョンチーム長、ありがとうございます。チェ・ミジン事務所のキム・ソヒョン室長とキム・ジユンチーム長、チョ・プロダクションのチョ・ユンテク室長、パープル・カウのナム・デヒョン室長、おかげさまで無事に国内外での活動を終えることができました。ありがとうございます。

BTSツアーという手強いプロダクションを一緒に作ってくれた海外のローカルプロダクションも大切な存在です。バンコクのNew、TitleとIMEのジョン・チョネ理事、シンガポールのKiat、香港のTraven(and Team Impact!)、台北のJeffrey、USの(小僧らしさ満載の)Joel、(愛おしいという言葉に尽きる) Terry、ありがとうございます。韓国の友人よりももっと頻繁に会っていた気がする日本のpromaxのAndy理事、ウンジさん、ユリさん、通訳のキム・ジナさんと通訳チーム、舞台監督のイシヤマさん、日本ステージのタケムラさん、特殊効果チームのチェ・ヨンウン監督に深く感謝いたします。そして、目礼だけで名前まで覚えることのできなかった、世界中のローカルプロダクションスタッフの方々にも、感謝の言葉を伝えたいです。

韓国のプロダクションスタッフを紹介する前に、一心同体となってツアーを回ってくれた外国人スタッフたちを記しておこうと思います。ヨーロッパに行けば飲み友達になってくれるキュートなヒョンのRichard、ロンドンから東京まで駆けつけてくれたMichael、最強のチームTAIT (Simon,Kiel,Dan,Gab,Didi,Daniel)、多くの荒波を経てトラブルがなければ物足りなさすら感じてしまうARチームのNeilとLuca、ありがとうございます。最高の照明と映像を提供してくれたF9の悪童Jeremyと心優しいJackson、ありがとうございます。

そしてここからは、このエンディングクレジットのハイライト、韓国のプロダクションです(しかし、BTSツアーの歴史が長かっただけに一緒に活動したスタッフが多すぎるため、ツアーチームは〈SYツアー〉の中でも、「サンパウロに同行したスタッフ」中心に書かせていただきます。書きもらした方がいないことを祈ります)。心から慕う舞台監督チーム、SH Companyのハ・テファン(育てたアイドルの多さから「アイドルの父」と呼ばれている)、ハン・ウニョン、チュ・ファニョル、ユン・ソンギョン、イ・セファ、キム・ミンス監督。小粋なツンデレの音響チーム、トライスターのオク・ジョンファン、ユン・ミンソク、オ・ソンテク、キム・ヒョンス監督。いつも愉快なプロツールエンジニア、パク・ジンセ(ウォリアーズのファン)、チョン・ウヨン(ほっぺの赤いグラウチースマー

フ似）監督。アイドルコンサート中継で神の領域に位置する中継チーム、D-takeのキム・ヒョンダル（RED BULLETからの初代メンバー）、ヤン・ウォンタク（ヤン神と呼ばれた男）、ナム・ジュヒョン（ARで苦労した）、ハン・サンイル（地下を行き交い苦労した）、カン・ヒョンジュン（TOPCAMなどのみんなの嫌がる仕事専門）、チ・チョル、イ・フィジョン、チェ・ヒョンウ監督。美しいレーザーを演出してくれたレーザーチームLFのソ・ジェウ（ソ・レーザー。無口なふりをしながら実はゆかいなおしゃべり）監督。広いスタジアムをキャンバスに見立て、美しい絵を描いたペンライトコントロールチームLFのリュ・モア監督。文句を言いながら何でもやってのける照明チームLFのオ・ヒスン（アヒル）、コ・キョンナム（コ女史）、チェ・ボイム、パク・ミソ、コ・ウンビン監督（3人のうちでパスポートを失くしたの誰だっけ？）。PLAN Aの長年の仲間であるLEDチーム、チョウンメディアのクォン・ヨンウク監督（初代メンバー。帰ってきた風来坊）。信望の厚い電飾チーム、アートデコのマ・キョンウォン（電飾の王となった初代メンバー）、イ・ゴヌ、パク・サンホ、オ・ウンソ監督。FOHの核となってくれた、メディアサーバーチーム、ライブラップのハン・ダヒ監督。華麗な羽ばたきを見せてくれた、キネシスチーム、ウイルシステムのパク・ギチョル（見た目と違ってか弱い心の持ち主）、チョ・ウンビ、メン・テヨン監督。小道具が多くて大変な思いをしたであろう舞台チームのウィ・デヨン（チャーリー）監督。いつも笑顔で横にいてくれた特殊効果チーム、ブレイズのイ・ヒョンス（愛してます）、ソン・ヒャンジン（兄貴もね）、イ・ジョリョル（思い出すだけで笑いが止まらない）、キム・ソンミン、オム・ギョンユン、チョン・ドンミン、チョン・ウジン、キム・セファン、チョン・ジェユン監督。地下世界を行き来しながらABRをしっかりと運営してきたABR運営チーム、シーキューのイ・ユニョン、ユ・ソンヨプ、クォン・ヒョヌ、ホン・ソンミン監督。タフなスケジュールや環境の中でも大きな事故なく装備を運んでくれた運送チーム、ディメルコのキム・ウンギ（リッキー）チーム長。みんな長いツアーお疲れさまでした。ありがとうございました。

ツアーにはあまり同行せずとも、感謝の言葉を伝えたい方々がいます。素敵な舞台セットで公演に温かい息を吹き込んでくださった舞台セットチーム、ユジャムのユ・ジェホン室長、最高のABRを作ってくださったABRチームのカン・ドンウ代表、海外チームに引けを取らない華麗なVJを作ってくださったALIVEのコン・ハヤンマウム監督、緊迫した状況でも乱れのない舞台美術を披露した、メイトアートのチョ・ヒョジン（不死鳥）室長、ツアーチームのインカムを開通してくださったインターカムチーム、アイエクスコのイ・ミノ代表、日本で素晴らしい台本を一緒に書いてくださったキム・ミレ作家、精いっぱい作り上げたツアーをDVDにおさめてくださったプレイカンパニーのチョ・ヒョンソク代表、ソン・テリョル監督、チョン・ギョンハンPD、ありがとうございます。

ツアー担当者たちが現場に集中できるようにサポートし、経験不足の演出チームに物心両面から惜しまぬ支援をしてくださった、LFのシン・ドゥチョル代表、トライスターのキム・ヨンイル代表、チョウンメディアのチョン・ヘヨン代表とチョン・ウォニアン室長、アートデコのイ・ナギ代表とクァク・ムソク理事、ライブラップのチュ・ボンギル代表、チョン・ヘジョン室長、ウイルシステムのパク・ウソン代表とキム・ジュンソク代表、メイベンのソン・ソンス代表、キム・ソンヨン室長など各社の代表と室長に、心より感謝いたします。久しぶりに韓国で公演する時には、いつも最初に会いに行く設営チーム、ロバストのキム・ソンテ室長、電源車チーム、パワーラインのイ・キジュン代表、ありがとうございます。

かなり個人的な部分では、ツアーに苦戦していたぼくが海外で煮詰まるたびにカカオトークのメッセージで、また、韓国にいればお酒を飲みに連れ出してくれるなど、その都度ぼくのメンタルを救ってくださったシン・ドゥチョル代表、チョン・ウォニョン室長、お二人には本当に感謝しています。ツアーを一緒に回りながら、寂しいホテル暮らしの良い友達となってくれたハ監督、ウンチーム長、マ次長に感謝いたします。

最後に、この本の共同著者とも言うべき長い旅路をともに歩んできたPLAN Aのメンバーたちに心から感謝します。〈RED BULLET〉での舞台クルーからスタジアムツアーの演出に至るまでの長い間、僕と実に様々なことをもくもくと乗り越えてきたキム・ヒナPD、超高速成長でスタジアムツアーの演出に抜擢され、たゆまぬ好奇心と才能に天然気質まで兼ね備えたソ・ドンヒョン（ウォーリー）PD。2016年の蒸し暑いある夏の日、いきなり出勤してきてパイプ椅子を運んでいたのに、今では何でも信じて任せられる万能キャラとなったキム・ヘユンPD。開放的な雰囲気に情の深さを持ち合わせ、外国人のおじさんたちを上手に手のひらで転がしていたイ・ジミンPD。「うまくいって当たり前の仕事（台本、車両スケジュール、ペンライト演出案）」を「うまいから大ヒットする仕事」に変え、台本読み合わせの時にはメンバーたちを操るカリスマを見せたキム・ベッキPD。果てしないオタク気質と落ち着いたリード力を持ち、演出とプロダクションマネージメントの両方で大きな力となってくれたカン・ソリムPD。長引くコロナという終わりの見えないトンネルの中で、最近、数人のPDとの別れに直面し、今でも心が痛いです。いつかまた会って楽しく仕事ができる日が来ることを願うと同時に、たとえその日が来なくても、ぼくはいつも皆さんの歩む道を応援します。皆さんと仕事ができて、本当にありがたかった。過去のツアーの思い出話に花を咲かせながら思い切り乾杯できる日が待ち遠しいです。また、PLAN Aとツアーチームのために身を粉にしたキム・オルムPD、ハン・ヒョミンPDと、これまで長い間、または束の間でもPLAN Aと関わった多くの後輩PDの皆さん。PLAN Aの誇るべきPDたちのおかげで、ぼくらはBTSだけでなく、多くのアーティストの公演を楽しみながら作り、成長することができました。長い時間、険しい坂道を一緒に上ったPLAN Aのプロデューサーの皆さんに、深く頭を下げ、心からの感謝を伝えます。

皆さん、本当にありがとうございました！

自分の名前がなかったからとスネないでね

PLAN Aの Instagramのフォローもお願いします！
@planakorea

ホームページは
www.planakorea.com

読者の皆さん、またお会いしましょう！

🦆 **キム・サンウク** 〈金相旭／김상욱〉

通称"ナイスなアヒル"。コンサート専門演出チームPLAN A（プラン エー）の社長であり、代表プロデューサー。高校時代に外国語高校でフランス語を専攻、延世大学校で経営を学ぶ。在学中に兵役義務につき、駐韓米軍で勤務。除隊後、コンサート演出を学び始める。音楽専門チャンネルMnetのコンサートPDなどとして勤務した後、独立して2010年にPLAN Aを設立。以降、BTS、ATEEZ、DAY6、CNBLUE、テヨン、キュヒョンなど多くのK-POPワールドツアーコンサートとファンミーティングの総演出を務める。

planakorea@gmail.com ／ www.planakorea.com
Instagram,Facebook: @planakorea

🖊 イラスト **キム・ユンジュ** 〈金允珠／김윤주〉

デザイナー、イラストレーター。日常を絵で記録する。
Instagram,Facebook: @grang_grim

📖 訳 **岡崎暢子** 〈おかざきのぶこ〉

韓日翻訳家・編集者。韓国人留学生向けフリーペーパーや韓国語学習誌、韓流ムック、書籍などの編集を手がけながら翻訳に携わる。訳書に『あやうく一生懸命生きるところだった』『どうかご自愛ください』（以上、ダイヤモンド社）、『頑張りすぎずに、気楽に』（ワニブックス）、『僕だって、大丈夫じゃない』（キネマ旬報）、『自分をすきになる こころの練習帳』（小学館）など多数。

케이팝 시대를 항해하는 콘서트 연출기

K-POP時代を航海するコンサート演出記

2021年11月21日　初版第1刷発行

著　キム・サンウク
イラスト　キム・ユンジュ
訳　岡崎暢子

発行者　斎藤 満
発行所　株式会社 小学館
　　　　〒101-8001 東京都千代田区一ツ橋2-3-1
　　　　電話 編集 03-3230-5563／販売 03-5281-3555
印刷所　大日本印刷株式会社
製本所　牧製本印刷株式会社
装丁　albireo
翻訳協力　植平朋子・松原佳澄
協力　promax inc.
日本語監修　金珍娥

Japanese Text © Nobuko Okazaki 2021　Printed in Japan　ISBN978-4-09-356734-3

制作／松田雄一郎　資材／朝尾直丸　販売／鈴木敦子・大下英則　宣伝／一坪泰博　編集／香藤裕紀